「成熟消費社会」の構想

——消費者はどこに向かうか

栗田房穂

流通経済大学出版会

まえがき

　モノが溢れる豊かな社会では、人々の日常の関心はもっぱら消費に向かう。モノを購入し使用するという消費行動は、ともかく楽しい。人々は消費をすることで、自分自身の個性を発揮したり生きる意味を確かめようとしたりする。同時に、モノの魔性にもてあそばれ膨れ上がる欲求を抑えることができずにイライラが募ることも少なくない。そんな消費行為は、もはや経済的行為ではなく、文化的行為ないしは自己確認作業といったものである。

　消費社会では、人々は消費に熱中し消費行動を通じて人々の社会的関係が密になる。ここでは、消費者が主役としての役割を演じており、モノやサービスを供給する側は消費者の移り気な心理や気まぐれな行動に振り回されているかに見える。

　しかし、実態はそうでもなさそうだ。消費者は「王様」として扱われるが、その実、供給者におだてられて手の平で踊っているにすぎない。実際のところ、消費者は供給者に操作されており、消費社会といっても産業社会とは別個の世界が実現したわけではない。消費社会といい、消費資本主義といっても、生産者優位の経済社会であり産業資本主義の延長線にある。

それでも、消費社会は魅力的である。人々はひたすら明るく振る舞い、消費がその時々の社会の気分や時代の雰囲気を左右する。不況になりモノが売れなくなると、憂鬱な気分が社会を覆う。日本経済はいま、グローバリゼーション、情報化、少子高齢化という激動の時代のなかで、長期不況の暗いトンネルからなかなか脱出できず、なんとも説明しがたい閉塞感が日本列島を覆っている。

こうした時代の奔流に翻弄されつつ、それでも人々は自分なりの知恵で消費に関わる意識と行動を巧みに変えて潮流を乗り切ってきた。混沌の時代にあっても、最終的には賢明な消費者は消費行動の方向性を見失ったりはしない。ここには、商品やサービスの効用と価格を自分なりの物差しで、しっかり判断し真に満足できるものを選択する「成熟型消費」への転換がみてとれる。

経済が停滞する中で、消費社会という巨象はどこに向かうのか。消費者の意識がどう変り、どう行動するのか。たとえば、高級ブランドと平日半額ハンバーガーとの奇妙な混在はなにを意味するのか。

温度差はあるだろうが、日常的にこうした疑問にとりつかれ考えあぐねている人は少なくないのではないだろうか。消費者だけでない。生き残り競争に巻込まれ消費のフロンティアを追い求める供給者はもっと真剣だ。

消費が大きな比重を占める社会で生活しながら、私たちは消費に関わる諸問題に必ずしも真っ正面から取り組んでこなかった。それはおそらく、消費といい消費社会といい、あまりにもとりとめのない対象であるからだろう。

本書はそれへの挑戦である。ここでの知的作業は、経済社会学の視点にジャーナリズム的アプローチを加えたものである。こうした作業の先には、「消費者の経済学」の確立という身のほど知らずの大目標がある。その一里塚を構築することが、本書の狙いでもある。

本書の問題意識は、二〇世紀後半から現在にいたる日本の消費社会の変質を「消費の成熟化」の過程ととらえ、その先に「成熟消費社会」が見通せるとの展望に立脚している。ここでの「成熟消費社会」は、混沌とした消費社会からみると、消費社会の望ましい姿ないしは理想モデルといったものである。日本の消費者の意識と行動は、紆余曲折をたどりつつも、大筋ではその道筋を着実に歩んでいると確信している。

本書ではまず、二〇世紀後半から二一世紀初頭にかけての消費社会が成熟していく過程を描写し、ついでこの間の消費社会の変化と消費者意識と消費行動の変化をとらえ、それを分析検討することで成熟化社会の消費者の実像を浮き彫りにする。そのうえで、理想形としての「成熟消費社会」を鮮明にし、その道筋を構想する。

このように、消費社会の過去と現在を再確認することで消費者の居場所をはっきりさせたうえで、近い未来に向けてそろりと視野を広げる。

第一章の「成熟消費社会というコンセプト」では、成熟消費社会のイメージを明確にする。まず、消費社会の成立の条件を明らかにし、変質の過程を「消費の成熟化」から「成熟消費社会」

に向かうととらえる。そうすることで、私たちが目指すべき目標の全体像が浮き彫りになる。

第二章の「消費者心理の底流をさぐる」では、バブル破綻後の二〇世紀最後の一〇年（ラスト・デケイド）における日本の消費社会の混沌ぶりとそれに翻弄された消費者の姿を描写するとともに、この間の消費者心理と消費行動の変化の底流に流れるものをさぐる。

第三章の「消費社会の光と影」では、やや中期的なレンズで、経済発展の果実として成立した消費社会の明るい側面と暗い側面に焦点を合わせる。そうすることで、消費社会が抱えるさまざまな問題点が自ずと明らかになる。

第四章の「消費者はどこに向かうか」では、混乱の時代の中で、方向性をさぐろうとする消費者の生きざまを鮮明にし、二一世紀の消費者像をデッサンする。

第五章の「消費社会から成熟消費社会への道筋」では、第四章で描写した消費者意識と消費行動が成熟化の過程をたどり、行きつ戻りつしながらも、望ましい消費社会としての「成熟消費社会」に向かって着実に歩みを進めていることを確認する。

第一章から第五章までの作業をすませたうえで、終章の「成熟消費社会をどう構想するか」では、「成熟消費社会」への道筋と消費者のその社会への適応として意識改革のあり方などをデザインする。

本書のねらいは、消費社会の分析だけでなく「消費の成熟化」や「成熟消費社会」をキーワードに日本経済のパラダイムシフトの着地点を見据えた戦略を提示することである。できれば、第一章から順に読んでいただきたいが、それぞれの節は一定のテーマのもとに書かれたものである。読者のみなさまには、興味のある節を飛び飛びに読まれても本書の意図を感じていただけると思う。その意図が十分に達成されているかどうかは、みなさまのご批判を仰ぐしかない。

本書を通じて、消費という現代社会の一側面について理解を深め、個人と社会について新たな視点で目直すきっかけになれば幸いである。私たちはいま、閉塞感漂う時代の中で、企業も消費者も政府もそれぞれが来るべき「成熟消費社会」への適応としての「自己改革」を迫られているからである。

目次

第一章　「成熟消費社会」というコンセプト

第一節　消費が大手を振って歩く社会

現代の社会では、私たちの生きる楽しみとしての行為の大半は、なんらかのサービスや商品を消費することに関わっている。消費は楽しい行為であるはずだが、人々はときになにか満たされない気持ちに陥る。それはどうしてなのか。

消費する人々

消費というのは、「モノやサービスの所有ないしは使用」である。しかし、それだけではいい尽くせない。ユニークな辞典で知られる『新明解国語辞典』には、消費とは「目的を遂げたり、欲望を満たしたりするために、有形なものを使って無くすこと」とある。

消費にはサービスも含むから、「有形なもの」とは限らないと思うが、「欲望」に着目しているのが興味深い。つまるところ、「消費とは人々の欲望を満たすために、財やサービスを利用したり消耗したりすること」ということになる。

経済学の視点からすると、経済活動の最終目的は消費にある。資本主義経済のもとでは、そこにカネが介在するから経済的行為といえる。とはいえ、消費する人々の意識や行動は経済的行為の範囲を超えている。むしろ、文化的行為とみたほうがわかりやすい。

このことを説得的に指摘したのが、フランスの社会学者のボードリアールである。彼は「今日の消費は商品の機能が消費欲求を充足させる過程にあるのではなく、人々が互いに差異化を競う営みである」と解釈する。

消費はモノやサービスの購入とモノの所有に重点が置かれるが、モノには二つの側面がある。ひとつは機能性や実用性といったモノそれ自体が持つ「物的価値」であり、もうひとつは、ブランド、イメージ、差異性、希少性などといった「記号的価値」である。

ボードリアールは現代の消費行為が物的価値よりも記号的価値が重視されることに着目し、「記号としての商品の消費」という視点から分析した。消費は商品の機能に関して行われるのではなく、記号性をめぐるものだというのである。

すなわち、物的価値の消費は限界があるのに対して記号的価値のある消費に対する人々の欲求には限度がない。たとえば、物的価値としての靴やハンドバッグはほどほどで足りるが、ブランドや差異性の視点からすればいくらあっても満足できないだろう。

こうして、現代人の欲望は果てしなく広がり消費はますます拡大する。もっとも、消費には先立つもの、カネが必要だ。豊かな現代社会での、消費とは「カネを使ってヒマを消化する人間の一切の行動」ともいえる。消費に必要なカネがないと、欲求不満は限りなく膨らむ。消費社会は一面では残酷な社会でもある。

都市は「劇場」――消費の風景

大都市の繁華街、デパート、盛り場は、はなやかな色彩に彩られまばゆいばかりの空間である。モノがあふれ、ひっきりなしにヒトが行き来する。一見したところ、不況の影は、どこにもないかのようだ。

そんな都市空間で、人々はいろいろなモノやサービスを消費する。消費という行為を通じて、浮き立つような気分にさせられる。だからこそ、人々は自分の遊び気分を満足させてくれるモノや情報をみつけようと、うろつきまわるのだ。

とはいえ、自分の求めているものがなにかが、はっきりしているわけではない。人々は、その時々の感性と欲望に誘われて、都市をさまよっているだけなのかもしれない。

都市は人、モノ、情報の交流が行われる劇場社会である。人々はそこで、時代の変化を五感で感じとる。

都市空間はさしずめ舞台である。そこで、消費者は意識的にしろ無意識のうちにしろ、お互いに観客兼演技者として振舞っている。屋外広告やフィクショナル・ファサード（人工的な壁面利用）は大道具、携帯電話やバッグなどの持ち物は小道具、衣装はファッションである。共演者や観客は仲間だけでなく、不特定多数の他人である。かれらは他人の視覚で自分を確認し、五感を通じて情報を交換し合う。ここでは、情報は人々のモノに対する反応も含む。

こんな劇場社会での主役は、もっぱら若者と女性だ。かれらは、新しい感覚や流行に敏感な反応を示す。だから、若者たちや女性が関心を抱いたことやかれらの間ではやったことが、つぎには他の世代に広がり、ついに社会全体の潮流になる。マスメディア、広告代理店、メーカーがかれらの動向に目をこらし、かれらに標的を合わせた商品開発や企画づくりに血道を上げるのも、当然だ。

そうなると、モノがあふれる豊かな社会の雰囲気は、若者や女性寄りになりがらだ。マスメディアの発達した現代社会ではなおさらだ。若者や女性だけでなく、ついには子どもを対象にしたコマーシャルや宣伝が展開され、社会全体の幼児化現象が進む。

「豊かさ」の病理

戦後、急成長を遂げた日本は一九八〇年代に世界でトップレベルの「豊かな国」になった。国民総生産（ＧＮＰ）など数々の経済指標がそれを証明している。

それでは、私たち日本人の生活レベルが本当に世界最高水準になったかといえば、そんなことはない。このことは、ちょっと身の回りを見渡せばすぐにわかる。

高い物価、狭い住宅、長い労働時間、貧弱な社会資本、通勤ラッシュ……。現実の生活と経済大国の落差がなんと大きいことか。日本の経済力が喧伝されればされるほど、私たちは生活の貧しさを痛感する。多くの日本人はいまだに、「本当の豊かさとはなにか」という疑問にとりつかれている。「日本の豊かさが、じつは根のない表面的な豊かさにすぎず、豊かさが必然的にもたらすはずの落ち着いた安堵の情感や人生を味わうゆとりはどこへいってしまったのだろう」

埼玉大教授だった暉峻淑子が『豊かさとは何か』という著書でこういったのは、もう十五年も前だが、不況が長引く現在ではより説得力がある。

経済が高度に発展した豊かな社会には、豊かさ特有の病いが巣くう。米国の経済学者、ガルブレイスが指摘した「豊富のなかの貧困」という病気だ。

大量生産―大量消費の社会が実現し、多くの人々は生活に困らなくなった。それなのに、ゆったりした気持ちになれず、いらだちやあせりを感じる。

これは、現代の資本主義社会には広告や宣伝によって人々の欲望水準が不断に高められる仕組みが内包されているからである。人々は自分の欲しいものを手に入れても、次の瞬間には新たな欲望がかきたてられて、また別のものが欲しくなる。そうすると、再び満たされない気持ちに追いやられてしまう。

このように、現代の資本主義社会では人々はいつもノドがかわいたような状態に置かれている。劇作家の山崎正和氏によれば、「こういう社会では、ひとが自分にふさわしい欲望の限度を見失い、どこで満足すればよいのかがわからないために、かえって際限のない飢餓と不満にさいなまれる」(『柔らかい個人主義の誕生』)ということだ。

浮遊感が漂う

モノがあふれる社会に生きる私たちの大多数は、衣食住といった人間として生きていくうえでの基礎的な欲望はほぼ満たされている。それにもかかわらず、時になんとも落ち着かない気分にさせられる。

モノが豊富にあれば、消費者の選択の幅が広がる。このことは、消費者のニーズ（欲求）になっている。しかし、消費者はなにかを求めつつも、本当のところなにを欲しているのかがわからない、というイライラした心理状況に陥っている。

モノの豊かな社会は、モノと人の心が複雑に絡み合う不思議な世界でもある。人はモノに魅せられ、時にはその魅力に翻弄される。モノの魅力は、マスコミ情報、広告、宣伝によって、どんどん膨らむ。

人々はモノの持つ呪力のような魔性に欲望をかきたてられながら、他方では欲望を抑えなくてはならないという矛盾した気持ちにさいなまれる。しかし、いったんモノの魔性に惑わされると、その呪縛をとくのは容易でない。

モノとの関係をできるだけ断つこと、たとえば簡素な生活を心がけることで、私たちはもっとゆったりした気持ちになれるかもしれない。最近になって「清貧のすすめ」や「節約生活術」がマスコミでさかんにとり上げられるが、これは必ずしも不況のせいばかりではない。光まばゆい消費社会からの脱却を図ろうと考える人がふえているからでもある。といっても、俗世間を離れて質素な生活ができるのは、よほど意思強固な人だろう。消費社会の魔力から自らを解き放つのは容易ではない。

もっとも、人生の生きがいや生活の楽しみを消費の場に求めるのは、形容矛盾なのかもしれない。消費行動とは、文字通り消費することで行動が完結する。蓄積とは反対の行為であるから、同じことの繰り返しになる。

現代の消費社会は、私たちの欲望がなかなか満たされない仕組みになっている。社会には、なんとも説明しがたい不思議な気分やイライラ、空虚感が漂っている。といっても、暗いムードでもなく、「憂鬱」や「絶望」とも違って、それほど深刻なものでもない。とらえどころがないふわついた感じ、あえていえば、「浮遊感」のようなものである。

「ゆとり」と「生活の質」

多くの日本人は、経済的に豊かになっても、真の意味での生活の豊かさや心のゆとりが実感できないことを認識するようになった。

心のゆとりには、経済的な豊かさに加えて、時間的な余裕や空間の広がりも必要だ。この点が、欧米先進国と日本が決定的に違う。

そうだとすれば、私たち日本人が構築すべきは、経済的というか物質的要素が濃厚な「豊かな社会」ではなく、「時間」と「空間」の両面でも余裕のある「ゆとりある社会」ではないだろうか。

「ゆとり」には、生活や人生に潤いを与えてくれるようなものや人間的な色合いも含んでいる。稲垣良典九州大教授は「人間が人間であるために、人間としての〝存在の豊かさ〟を実現するために必要不可欠なものである」という。

それにしても、私たちは足元の生活に追われて、人生の幸せとはなにかを、それほど真剣に考えてこなかったような気がする。もちろん、それは人さまざまである。しかし、「いい時間を過ごす」、それも「快適な空間で過ごす」ことが、人生の目標のひとつであることに異論はないだろう。そのためにも、「ゆとり社会」の構築が求められるわけだ。

思えば、私たち日本人は戦後の長い間、欧米に比べて格段に貧弱な生活環境に耐えて、ひたすら経済発展に励んできた。その結果、日本は世界に冠たる経済大国になった。それにもかかわらず、経済成長の果実がそのまま私たちの生活の充実に使われたとは思えない。

国民が成長の果実を味わえなかったのは、日本の経済社会システムがゆがんでいたからに相違ない。そのゆがみの是正を、政府なり政治に私たちひとりひとりがもっと強固に迫らなければならない。意識面を含めて、日本のシステムが抜本的に構造改革しなければならない由縁がここにある。

「ゆとり」は「生活の質」といいかえることもできる。「生活の質」には物質的な量的拡大よりも、自分なりのライフスタイルや美意識など精神的な側面を含む包括的な概念である。これは、

「成熟消費社会」のキーワードのひとつである。

経済成長が期待できなくなったいま、人々の生活は従来の量的拡大という「成長段階」の論理ではなく、生活の質的充実を目指すという「成熟段階」の論理に律されなければならないだろう。

第二節　「成熟した消費社会」のイメージ

消費はあくまでも個人の行動のひとつで、それが社会全般に及んでいることに違和感を抱く人もいるだろう。しかし、現代では消費が社会全体のあり方や時代の潮流などと深く関わっている。だから、現代社会は「消費社会」と位置づけられる。その消費社会が変質し成熟化の過程をたどる。その行く先にどのような社会が待ち構えているのだろうか。

消費社会とは

「消費社会」というときの「消費」には、社会を構成する大半の人々が暗黙のうちにある程度の水準の消費をおこない、消費行動に熱心であることが想定されている。

歴史のうえでは、一部の人が贅沢な消費をおこなってきた時代は常に存在した。しかし、現在のように大多数の人々が消費行為を大々的におこなうようになったのは、主要先進国ですら二〇世紀になってからである。その意味で、現代は経済発展の果実が実った「大衆消費社会」である。消費社会をきちんと定義付けた国語辞典は少ないが、その中で、『大辞林』の定義は興味深い。すなわち、「高度に産業が発達し、生理的欲求を満たす以上に消費が広く行われるような社会」とある。消費社会の一面を巧みに捉えているが、物質的側面が強調されており、個人の心理的な側面や社会的な関係性がすっぽりと落ちている。

ここで重要なのは、消費がさまざまな形で他人や社会と関係することである。つまるところ、消費社会とは「消費水準が高くなりそれを維持しようとする構造を持ち、消費を通じて人々が関係を密にする経済社会」（御船美智子お茶の水大教授）である。

消費資本主義の色合いも

このように、人々が消費に熱中するような社会的雰囲気が醸成されていることが消費社会成立の条件である。ここでは、消費が他人との違いを強調する差異性を示す行為であるとともに、欲望充足、自己実現、他者に対する優越性の確認といった意味合いを持つ。消費社会とは、消費が人生の生き甲斐や生活の充実感と重なる社会なのである。

このような消費社会は、行政、生産現場、流通、輸送などさまざま面でそれに見合った社会の仕組みを必要とする。より具体的には、大量生産体制、大量流通システム、マスコミュニケーションの発達、マーケティングの向上、さらには消費者信用の発達や支払手段の多様化などである。

そういう意味では、資本主義の初期段階が産業（とりわけ工業）と深く結びついていた「産業資本主義」だったとすれば、現代は「消費資本主義」といえる。ここでは、消費の経済に占める比重が大きくなり、経済の動向は消費活動に大きく左右される。

このところ、米国はじめ日本を含めた先進資本主義国の消費依存度はますます高まっている。消費停滞がそのまま不況につながるという「消費依存体質」は、資本主義経済の円滑な政策運営の阻害要因になっている。このことは、消費資本主義の深化を示している。

しかし、「産業資本主義」と「消費資本主義」がある時期を境に厳密に区分できることには、疑問を呈さざるを得ない。というのは、新しい社会体制は突然訪れるわけではなく、社会変革は常に連続的なものであるからである。

「産業資本主義」は、産業革命の結果生まれた技術的変化をエンジンにして社会経済の構造改革を変え、人々の意識や文化の様式にさまざまな影響を及ぼした。その経済システムとしての性格は、社会的分業の高度化、技術の絶えざる変化、大量生産方式と大量販売方式の確立などをもたらした。

産業資本主義の原動力は、ハード面に限らない。なかでも、注目されるのは販売システムと広告を含むマーケティング手法の高度化である。人々の消費を喚起することを目的とするマーケティング手法はもっぱら、生産者の論理によって展開されてきた。

経済活動において消費が占める比重が高まってきたことは消費資本主義化の進展を示すものだ

が、その内実はマーケティングの発達にみられるように、生産者が消費者を巧みに操っていたにすぎない。

つまるところ、「消費者は王様」とおだてて、その実、生産者は自らが供給するものを売りさえすればよかった。ここでは、メーカーや小売業が商品の持つ価値を自分勝手に値踏みして、それをそのまま消費者に押しつけていた側面は否定できない。その意味では、大手流通企業の経営者で作家の堤清二氏が『消費社会批判』で指摘したように、消費資本主義といっても産業資本主義の延長線上にあり、産業資本主義に包摂されてしまう概念にすぎないかもしれない。

とはいえ、産業資本主義という大枠で包んでしまっては、消費資本主義の本質に接近することができない。私たちが二〇世紀後半にたどり着いた「消費資本主義」はさらに成熟化の過程をたどり、経済社会で生産者の論理が前面に出る「産業資本主義」の色彩は表面上、次第に色褪せてきている。

経済の停滞が続く中で、多くの消費者はこのことを実感として抱きつつある。生産者に都合のいい仕組みに安住すれば、消費者が求めるさまざまな価値を見失ってしまう。消費社会は成熟の度合いを加え、その姿は目まぐるしくかつ微妙に変貌しつつある。

生産者が消費者を操る社会？

これまでの消費資本主義が産業資本主義に包括されるという見方は、日本の経済社会が消費者優位の社会でないことからも証明できる。

私たちの日常の行動は、企業で所得を得るために行動しているか、家庭で生活を楽しんでいるかのどちらかである。いいかえれば、どの程度の時間を、生産者として行動しているか、消費者として行動しているか、という視点でとらえることができる。

消費者と生産者の両方の役割を果たしているわけだが、現実には個人が長時間にわたって企業に縛られ、結果的に多くの部分を生産者として行動しており、働く人々にとって消費者としての意識や行動は少ない。

こうなったのは、労働時間が欧米に比べて圧倒的に長いからだけではない。日本の社会システムそのものが、「生産者優位」になっていたからである。戦後の日本が欧米先進国に「追いつき、追い越す」には、これが最適のシステムだった。資源に乏しい日本が、戦争の廃墟から立ち上がるには、産業をおこして経済を発展させていく以外の選択はむずかしかった。

このため、国家予算のかなりの部分が道路、鉄道、港湾などの「産業インフラストラクチャー」にまわされた。公園、下水道などの生活関連の社会資本は軽んじられた。終身雇用制、年功序列型賃金、企業内組合などを特徴とする日本的経営システムも、生産者優位社会を支える役割を果たした。

会社が発展することがそこで働く従業員の生活向上につながるとする会社中心主義は、会社の論理を第一に考える多くの「会社人間」を生み出した。「会社のため」を優先させる価値観が広がれば、家庭を犠牲にした長時間労働やサービス残業を当然とする雰囲気になる。このような生活環境の下では、家族や地域社会での付き合いはむずかしくなる。

このように徹底した生産者優位社会は、世界でも類をみない。しかし、いま、この日本型経済システムが根底から揺らいでいる。

ここにいたって、多くの国民は生産者優位のシステムに疑問符をつけるようになった。このような生産者優位の企業社会が日本に存続するかぎり、「質の高い生活」（quality of life）をおくることはできないことがはっきりした。経済発展の目的は、それによって得られた成果を人々が質の高い生活を送るために使う（消費する）ことにある。いま求められているのは、生産者優位社会からの脱皮であり消費者の視点からの新たな構想だ。

大量消費社会の行き詰まり

現代の消費資本主義は、大量生産による消費財の広範囲な普及によってもたらされたものである。いいかえると、大量消費の前段に大量生産（大量販売を含む）がある。図式化すれば、〈大量生産→大量消費〉である。この図式にのって、華やかな消費社会が実現されたのである。

この図式が維持されるなら、人々の消費意欲を絶えず高めることで、消費資本主義は永遠に繁栄を続けることができるはずである。しかし、どうやらそれは幻想にすぎないことが次第に明らかになってきた。

その背景には、資源の有限化への認識と地球規模での公害問題の発生がある。すなわち、現実には「大量生産」の前段としてエネルギー、食糧などの資源の、「大量消費」の後段として公害や環境という大きな制約を受けている。いいかえれば、現実のシステムは「大量採集→大量生産→大量消費→大量廃棄」という始点と終点との両端で限界を持ったものである。

資源小国の日本の消費経済システムは、この両端が存在することで成り立っている。石油エネルギーはほとんど産油国に頼っているし、世界中から農産物、畜産物、水産物を大量に輸入できないと豊かな生活が営めない。それどころか、たとえば膨大な木材を輸入することで日本は熱帯林減少の最大の加害者になっている。

「大量採集」と「大量廃棄」という両端は、グローバルな規模での公害や環境問題への一段の高まりによって、さらなる圧力で大量生産・大量消費という従来システムの変更を迫っている。先進工業国に属する国の人々の消費を制約しないと、「大量採集」と「大量廃棄」が続いて、その結果として地球は滅びてしまう。

私たち人類は、たったひとつの船、「宇宙船地球号」に乗り合わせている。美しい地球を子孫に残すためには、私たちは欲望を制限しなくてはならないということになる。

資源と環境という問題が地球的規模に広がり切実度を加えてきたことは、従来の大量消費社会の行き詰まりを示すものといっていいだろう。

地球を守るために、私たちはエネルギー節約的で省資源的な消費社会、すなわち「持続可能な消費社会」を模索しなければならない。そうした認識と危機意識は、いま世界にようやく広がりつつあるが、これは本書のテーマである「成熟消費社会」の成立条件である。

「成熟社会」の定義

それでは、「成熟消費社会」とはどのような社会か。まず、「成熟社会」についての考察から始めよう。いうまでもなく、この言葉自体もきわめて曖昧である。

「成熟社会」（mature society）という言葉が言論の世界で頻繁に使われるようになったのは、ノーベル物理学者にして文明批評家のガボールが同名の書を著した一九七二年ころからである。ガボールは成熟社会を、「毎年たえまなく続く経済成長が終わりを遂げた時に、社会的内部でも平和であり、また自然環境とも調和がとれている社会のことである」といっている。また、「成熟社会とは、人口及び物質的消費の成長はあきらめても、生活の質を成長させることはあきらめない世界である」ともいっている。

そのうえで、成熟社会は①物質よりも精神的豊かさを、②日常的な労働よりも充実した余暇を、③知能よりも倫理を――大切にして、④人間性の多様な開花と発展を約束するという。そして、成熟社会は人間に「希望、遊戯、多様性」の三つを提供するという。

成熟社会という言葉こそ使用していないが、千葉大学の広井良典助教授は似たような発想で社会変化をとらえている。広井氏は「成長に代わる価値」として「定常型社会」という概念を導き出し、著書の『定常型社会──新しい「豊かさ」の構想』のなかで、「個人の生活保障がしっかりとなされつつ、それが資源・環境制約とも両立しながら長期にわたって存続しうる社会」としている。「福祉国家ないしは福祉社会」を目指している点で、本書とは問題意識を異にするが、描かれる社会の姿には共感できる点が少なくない。

ガボールの世界に戻ろう。ここで描かれる社会の姿は、一九七〇年代の現実の社会ではなく理想的なモデルとして想定されている。「成熟」という言葉には、「果実や穀物などが十分に実ること、人間の心身が十分に成長すること」（福武国語辞典）のように、もっとも食べごろというニュアンスがある。本書でも、よりよい社会の姿としてとらえていきたい。

この「物質的消費の成長はあきらめても」と「生活の質」の部分に着目したい。ここから、本書の「成熟消費社会」の発想が導かれるからである。

「成熟化社会」から「成熟社会」へ

理想形としての成熟社会について、ガボールはその成立の時期を「成熟社会への過渡的な時期にあたるこれから一世代、あるいはたぶん二世代にわたって」としている。常識的に一世代は三〇年といわれることから、ガボールは成熟社会の成立を早ければ二一世紀初頭、遅ければ二〇三〇年ぐらいに見込んでいたと推測される。そうすると、現在は時間的には成熟社会の入り口にたどり着いたといえなくもない。

現在が成熟社会の初期段階だとすると、バブル経済崩壊から現在までの一〇数年は「成熟化社会」というべきだろう。ただし、「成熟化社会」と「成熟社会」とをどう区分けするかについては、たとえば「高齢化社会」と「高齢社会」のような明確な物差しがあるわけではない。

高齢化社会と高齢社会について、国連はきちんと定義をおこなっている。すなわち、総人口に占める六五歳以上の人口の割合が七％以上に達して文字通り高齢化しつつある社会を「高齢化社会」（aging society）とし、高齢化が進行してその倍の一四％以上の高い水準に達しそれが持続されている社会を「高齢社会」（aged society）と呼ぶ。

日本は一九九四年に高齢社会の段階に突入し、二〇〇〇年国勢調査の速報によると総人口の一七・五％を占め、五・七人に一人が高齢者となっている。ちなみに「高齢化社会」に達したのは、一九六七年のことである。それがわずか三〇年ほどで、「高齢社会」に突入した。日本の場合、高齢化のスピードが先進諸国に比べて格段に早かった。それ故に、社会の仕組みや制度にさまざまなひずみをもたらしている。

これを「成熟化社会」と「成熟社会」にも援用しよう。高齢化問題のようにはっきりした指標は不可能であるが、同じ発想は適用できよう。すなわち、成熟化社会（maturing society）と成熟社会（matured society）という区分である。

ただし、そのときどきの社会をどう規定し、なにをもって明確に区分するかはきわめてむつかしい。注意すべきは、私たちの社会が一様にいっきょに成熟段階に達するのではなく、まだら模様を混ぜながら、成熟化を経て成熟段階へゆっくりと歩んでいくということである。

それでは、私たちの社会が成熟社会に一歩踏み込んだというのは、どのような根拠に基づくのか。

まず、経済成長との関わりである。「失われた一〇年」を経た日本経済はまだ不況の真っ只中にある。日本経済は、まず不況から脱出しなくてはならない。しかし、不況に終止符が打たれても経済成長が期待される状況ではない。それどころか、資源や環境の制約条件、さらには少子高齢化の進展により、その先には長く続くであろう停滞時期が待ち構えている。すなわち、不況の終わりは停滞の始まりである。

その意味では、二一世紀の日本経済は従来のような「経済成長」は期待できない。ただし、「生活の質」は追求できる。それどころか、停滞ゆえに人々の生活の質向上への意欲は増進されるだろう。停滞の時代は、「消費者優位社会」への転換の一里塚になるだろう。

従って、一九九〇年代は日本経済の成熟化のプロセスにあり、この段階を経て成熟社会に到達しつつあると考えられよう。

こうしてみると、ガボールが予測したように、一九七〇年代から一世代ないしは二世代を経て、日本は成熟化社会をほぼ終えて成熟社会に入ろうとしているといえるのではないか。

「成熟消費社会」の姿とは

本書の基調をなす「成熟消費社会」は、「成熟社会」に「消費社会」を合体したような概念である。すでに指摘してきたように、「成熟社会」は望ましい社会形態として私たちが目指すべき姿であり、従来形態の「消費社会」は資源と環境の両面から行き詰まりを見せている。

このため、「成熟社会」の持つポジティブな面を追求するとともに、現在の「消費社会」のネガティブな面を是正して「持続可能な消費社会」に構築することが求められる。これが、「成熟消費社会」の基本的な概念であり、私たちはそこに向けて着実に歩を進めなければならない。

成熟した消費社会では、消費の意味は軽くなるのではない。むしろ逆に深くなり、かつ多面化する。経済の停滞が続くとしても、成熟消費社会は「変化のない退屈な社会」ではなく、そこは「賢い消費者」が増殖する土壌となる。

それは、広井氏が『定常型社会』の中で指摘するような世界である。物質的な富の総量が一定であるというだけで、たとえばＣＤの売り上げ総量が一定であってもヒットチャートの中身はどんどん変っていくように、「質」的な変化は内包されている。これからの時代は、「変化しないもの（たとえば自然、伝統など）」にも価値が置かれている時代」である。

当然のことながら、「成熟消費社会」が成立するには、消費者の本質的な変化が求められる。成熟消費社会の消費者は、モノやサービスの豊穣の中で自己満足する消費者ではなく、環境への関心が深い「グリーンコンシューマー」であるとともに自分の消費行動に自己責任を持つ人たちである。すなわち、「成熟した消費者とは、成熟した人間としての行為を消費行為に実現しようとする存在である」（熊沢孝『消費社会再生の条件』）

成熟消費社会は同時に、多様な価値観を持つ自分の意志をもった個性的な人々で構成されている。人間的な豊かさのある消費社会を生み出すのは、それにかかわる人々の個としての意志をもった生き方に対する信念である。それは必ずしも秩序のある社会ではないが、個性豊かな人々が集う色彩溢れる社会である。

成熟消費社会をイメージするとき、経済学者のケインズの予測がオーバーラップしてくる。ケインズはかつて一九二九年にマドリッドで『われわれの孫の時代の経済的可能性』と題する講演をおこなった。

ケインズは、すべての人間が豊かになるのはそんなに遠い先のことではない、そういう時代にともなれば、われわれは「再び目的を手段よりも重んじ、有用なものよりも良きものを選ぶようになるだろう」という。

ここでの「良きもの」は、「真・善・美」といったものだろう。それは有形のモノではなく、無形のモノであるだろう。たとえ、有形のモノだとしても、真善美が加味されたものであるに違いない。

こうみれば、「成熟消費社会」のコンセプトは、ガボールの主張やケインズの期待の延長線上にある。ケインズはほとんど関心を示さなかったが、成熟消費社会は当然、環境最優先型社会である。私たちは便利な生活にどっぷり浸かりすぎていた。環境を配慮した生活スタイルに変えない限り、地球は滅びる。

それは、おそらく、「適正消費、極小廃棄、リサイクル、省エネルギー、製品寿命の長期化などを消費者や生産者に動機づけるような仕掛けを施した文明社会」（佐和隆光京大教授『地球温暖化を防ぐ』）であろう。

消費者よ、一歩前に

それにしても、日本では消費者の発言力は必ずしも高くなかった。ある意味では当然である。家庭や地域社会への帰属意識がうすく、企業への帰属意識が強すぎた。政府もそれをいいことに消費者の利益より生産者の利益を優先する政策をとってきた。

もっとも、どこの国でも消費者は「もの言わぬ多数」（silent majority）であり、消費者の利益は政策に反映されにくい。それだけに、消費者は消費者団体などを通じてたえず政府や行政に働きかけている。

日本では消費者団体が消費者の声を代表しているとはいいがたい。たとえば、消費者団体と呼ばれるグループの大部分がコメの自由化に反対した。消費者の利益を増大させることに反対する消費者団体の行動は、世界の常識からは奇異なものに映る。

私たちは既存の消費者団体に頼ることなく、ひとりひとりが社会的な発言力を高めなければならない。それには、反社会的な行動をとる企業には不買という行動で異議申立てするとともに、もっと足元の生活を大切にし地域社会での交流を深めるべきである。

消費者としての自覚を持ち、消費者として行動する時間を持たなくてはならない。そうしたうえで、生産者優位の企業社会を変えるべく政治への参加を強める必要がある。生産者優位の社会から消費者優位社会への転換は、成熟消費社会成立の条件である。

このように、本書では「成熟消費社会」を消費社会の後期段階として捉える。改めていうまでもないが、成熟消費社会といっても、消費社会という大枠から免れることができないのである。

第二章　消費者心理の底流を探る——日本の消費はどうして混乱したのか

第一節　消費パターンが変った

日本の消費社会において、二〇世紀後半ほど目まぐるしい変貌をとげた時期はなかった。高度成長が続いて先進国と同水準の「大衆消費社会」が実現したのは、一九六〇年代後半から七〇年代半ばのことである。その後もそこそこの成長を維持し、八〇年代に日本経済は世界経済のトップランナーに躍り出た。

経済大国はそのまま消費大国でもあった。八五年にプラザ合意で円高になったのを契機にバブルが発生、物価上昇にもかかわらず贅沢な消費行動が広がった。しかし、九〇年代初めにバブルが破裂し、多くの消費者は経済混迷に翻弄された。それでも、混乱の中で日本の消費者の進むべき方向性がうっすらと見えてきた。

消費依存体質の経済に

個人消費の国民総支出に占める比重は、経済発展とともに高まってきた。消費大国のアメリカでは、個人消費が国内総生産（ＧＤＰ）に占める割合は七〇％を超える。日本でも六〇％近い。最大の需要項目であるため、個人消費の景気への影響度が大きい。二〇〇一年九月の同時多発テロの発生で、消費者心理が冷え込み景気が落ち込んだことは、先進資本主義経済がいかに消費依存体質になっているかを如実に証明した。

個人消費はこれまで、景気動向に安定的な役割を果たすと認識されていた。消費が所得の函数であることから、景気停滞期にもそれほど落ち込まず景気の下支えをする、いわゆる「ラチェット（歯止め）効果」が機能するからである。

ラチェット効果とは、景気下降期でも人々は従来の生活水準を維持しようとするため消費は所得が鈍化するほどには落ち込まない、つまり消費性向が上昇するので景気を下支えをするという機能である。日本経済でも戦後ほぼ一貫して景気下降期にこのラチェット効果が働いて景気を支えてきた。

それが一九九〇年代後半から大きく変った。個人消費は一九九七年度に戦後初めてマイナスになりＧＤＰもマイナス成長になった。それ以降のゼロ近辺ないしマイナス成長は、個人消費の伸び悩みを反映したものである。このことは、景気に対して安定的だった個人消費が景気に次第に感応的になり不安定化してきたことでもある。従来の日本経済になかった新たな現象である。

広がる不安心理

こうなった背景には、消費者の家計を巡る環境が大きく変ったことがある。バブル崩壊のあと、家計収入の伸びは大きく鈍化し九七年度以降はマイナス傾向も見られるようになった。その表われが、家計のバランスシートの不健全化である。

多くの消費者はこれまで、家計をバランスシート的な視点で見直すことはほとんどなかった。しかし、地価や株価など資産価格が下落するという「資産デフレ」に見舞われると、資産が日減した。とりわけ、宅ローン返済のある勤労者世帯（同世帯全体の三割に及ぶ）の家計のバランスシートは深刻となった。

収入の伸びが期待できない現状に加えて、将来見通しが暗いことが消費者心理を冷え込ませている。将来への不安には、足元に忍び寄る雇用不安、年金や介護など老後の不安、せっかくの蓄えが不安になる金融不安など数々ある。

とりわけ、これまで日本の経済システムの中核をなしていた「終身雇用年功序列」制の崩壊は、社会全体の雰囲気を暗くさせる。大企業といえども安泰でないとの危機感が消費者心理に与える影響は、はかりしれないものがある。

あれやこれやの変化は、一過性ではなくいわば構造的な変化ともいえる。多くのサラリーマンはいま、大きな構造変化の渦中にいることを実感している。

そうなると、将来の収入や雇用に対する不安感は増すばかりだ。個人は先行きの収入が見通しにくいという不安と支出の硬直化との板挟みにあい、リスクをとらない堅実で安全な消費行動をとろうとするのは当然だ。自分を取り巻くさまざまなリスクを考えると、思い切った消費は控えようとする。とにもかくにも、将来のことを考えあわせると、これまでのように気軽にモノを買っているわけにはいかなくなった――。

「賢い消費行動」に

バブルの時代、人々は浪費に近い消費にうつつを抜かし、健全で質の高い生活を忘れていた。不況に直面してはじめてこのことに気がついた。一九九三年度の国民生活白書はこういう。「我々は宴（うたげ）の終わったあとに当り前の世界に戻ろうとしている」。

実際、私たちは企業の論理に巻込まれ健全な消費行動をとらず、長い間、「当り前でない世界」にいたような気がする。

不況になり所得が減ると、人々の意識が変った。まるでつきものが落ちたように、消費態度を改めた。分不相応な贅沢品を持つことをかえって気恥ずかしいと思うようになり、価格破壊者を標榜するディスカウンター店にせっせと足を運ぶ人がふえてきた。消費者は安くていい商品を買うことは、ケチでなくて「賢い」行動と考えるようになった。多くの人が簡素な消費スタイルを心がけようとし始めた。

多くの消費者は、かつてのようにメーカーや小売業の広告や宣伝に踊らされなくなった。自分の判断でモノやサービスを選ぶという「賢い消費行動」をするようになってきたといえる。こうして、人々は足元の生活を見直し、「心豊かな生活をするための消費とはなにか」を真剣に考えるようになったのである。

「価値」に目覚めた

私たち日本人は、買い物好きでモノを持つのが好きな国民である。しかし、バブル期を項点に変りつつある。高級で高額なモノをたくさん持つよりも、自分の価値観や自分なりの生き方を大事にしたいと思う人が増えつつある。

バブル経済はなやかなりしころ、消費者は高額品や高級ブランド品をあらそうように求め値段が少しくらい高くても商品を購入した。不況の深まりとともに、消費者は高価格品を購入することに疑問を抱くようになった。バブルがはじけると、バーゲン品などの激安商品に群がった。価格形成に疑問を持ちはじめ、価格破壊を支持する消費行動をとるようになった。

消費者はいま、モノに新しい価値観を抱くようになった。たとえば、家電などの工業製品は、基本的な機能が充実し長持ちさえすれば、余計な機能は必要ない。要するに、新しい価値の尺度は、「自分にとって使いやすいか」「心の安らぎ、健康、美的感覚など、人間らしくゆとりを感じられ生活に必要か」など、個々の消費者の判断にゆだねられる性格のものだ。

これは、贅沢や豪勢などとは裏返しの質素や簡素とは明らかに違う。消費者が社会の前面に躍り出た時代にふさわしい合理主義の台頭だと思いたい。

バリュー・フォー・マネー

バブル期に高額商品の購入に血道を上げた消費者は、その価格が得られる価値（バリュー）をはるかに超えていることを身をもって知った。このあと低価格志向を強めたが、その中で、消費者はいくら安くても、自分にとって価値がなければ、結局はカネの無駄遣いであることにも気付いた。いわゆる「価値志向」といえようか。いまや、多くの消費者は、商品の価格と効用を十分に吟味したうえで、いわゆるコストパフォーマンス（費用対効果）を見極めてから購入する。

これらの経験から、人々は価値と価格のバランスにかつてないほど厳しい目を向けるようになった。消費者は、価格と品質との関係を常に考えつつ、自分なりの商品感覚を磨き上げてきた。売り手の宣伝には踊らされず、自分が価値があると感じれば自信を持って購入するし、反対に価値の伴わない商品には、いくら安くしても見向きもしない。

消費者は自分なりの「価値」を尺度にして、「価格」を決める時期にいたったのである。消費はかつての異常ともいえる状況から、むしろ健全で正常な姿に向かいつつあると見るべきだろう。

「自分消費」が広がる

「バリュー・フォー・マネー」という消費者意識の潮流は、必要なモノを、いろいろな情報を参考にしながら自分で判断して選ぶという「知的消費」の傾向が強まっていることにつながる。いいかえれば、流行や表面的な価格に左右されずに、自分なりの物差しで商品価値を決める「自分消費」である。

この背景には、人々のライフスタイルや人生観などの価値観の多様化が進んできたことがある。

目まぐるしく変化する環境の中で、人々の間に生活を自分なりの尺度に合わせてムリをせずに楽しみたいという気持ちが強まっている。だから、自分が興味や関心を抱いた分野にはカネを使うのはためらわないが、そうでないものには見向きもしない。収入が増えないだけに、この傾向はより鮮明になる。

ここでも、価格はやはり決め手である。「自分消費」に目覚めた消費者は、自分なりに価格を設定する。個々の消費者がそれぞれの値ごろ感に応じて値付けして、それにはずれていると判断するとなかなか購入しない。

しかし、消費者の値ごろ感は、時代の流れの中でめまぐるしく変化する。将来の所得に大きな期待が抱けなくなった現状では、消費者が値ごろと感じる価格の範囲はますます狭まっている。価値に応じた価格帯を売る側がつかんでいないことが、いまの消費低迷に拍車をかけているのではないだろうか。企業にしても流通業者にしても、既存の商品価格を徹底的に見直して価格と価値との均衡点を追求することが、消費回復のカギになる。

こうした消費行動を通して、多くの人々は最終的に頼りになるのは自分だけと感じている。自分らしさは、他人の目線や思惑を超えたときに生まれる。このような「自分は自分、他人は他人」という生活スタイルは、多くの日本人に共通する「横並び意識」からの脱皮を意味している。

どこで買うか

小売りの最前線で、異変が起きている。消費者の多くはつい最近まで、商品を買う場所を特定していた。高級な衣類は百貨店で、日用品はスーパーで、電化製品などは専門のディスカウントショップで、という具合に。

それが「バリュー・フォー・マネー」の流れの中で、消費者は購買場所にこだわりを見せなくなった。いいものなら、購買する店にこだわらない。消費者は百貨店で鮮魚や食品を買ったりもする。品質が劣るなら、安くても買わない。

ポストバブル期に新しい業態が次々に生まれたが、ひところの勢いがないのは消費者の行動変化を十分にとらえきれないからである。価格破壊を看板にした激安店の衰退は、その一例である。ほとんどの業態で量的拡大が頭打ちになっているのに、依然として高い成長を続けているのがコンビニエンスストアである。ここでは、商品というよりは深夜営業などの「便利さ」（コンビニエンス）が売りものである。その内容をみると、おにぎりや弁当などの持ち帰り商品が主流だ。これは、モノの購入というよりは限りなくサービスに近い消費が伸びているといえよう。

こうみると、消費者はあるモノを買うのに、かつてのように特定の業態でなければならないという決まりきった行動をとることをしなくなっている。消費者が買う場所を決める物差しは、品揃えや商品の品質だけでなく便利さなども含めた購入に付随するサービスをどう評価するかである。

「二極化消費」の意味

消費を取り巻く環境が大きく変る中で、消費者心理や行動もまた変貌をとげている。顕著なあらわれが、ここ一、二年の間に、高級ブランド品と低価格品がよく売れ、中間価格帯のモノが売れないという「二極化」が鮮明になったことである。

ルイ・ヴィトンやエルメスなど高級ブランド勢力は売り上げを増やす一方で、ユニクロや一〇〇円ショップなどの低価格専門店も好調だ。外食では牛丼の「二八〇円戦争」や「半額ハンバーガー」も消費者に受け入れられた。

高級ブランドと低価格外食――いま、日本の消費社会にはこのような奇妙な現象が混在している。その背景には、社会の成熟現象が見え隠れする。具体的には、所得格差の拡大と消費の「選択と集中」である。

所得格差については、経済停滞が続き競争が激化する中で、さらに拡大するだろう。すでに日本人の「一億総中流意識」は大きく揺らいでいる。

消費の「選択と集中」は、高額商品を購入するために他の支出を低価格品で済ますことことである。いいかえると、日常は節約し欲しいモノに思い切ってカネをかけることだ。普通のサラリーマンが高級腕時計を買うために、外食を節約する。ブランド品を買いたい若い女性が、普段着をユニクロ製品で間に合わせる。こうした「選択と集中」は、所得格差の拡大とあいまって、ここ当分続くだろう。

しかし、消費の二極化の意味することはそれほど単純ではない。松原隆一郎東大教授によると、「現在の日本の消費は三つの二極化を特徴としている」という。すなわち、

①一人の人が高級ブランド品と格安品の双方を選択的に消費する。

②所得格差の拡張により社会階層の分化が顕著となり、高所得者が高級品の購買層、低所得者が格安品の購買層を形成している。

③「売れるもの」と「売れないもの」の分化が明瞭化している。逆にいうと、中間項をなすはずの商品種が激減した。

たしかに、こうした区別は可能だろう。ただし、現実はこれらの要素が複雑に絡み合っている。三つの二極化現象は、こんごも社会の成熟化の進展とともに、私たち消費者の意識と行動にさまざまな影響を及ぼしていくだろう。

第二節　「価格破壊」が加速する――忍び寄るデフレ

物価下落は消費者にとっては朗報のはずである。しかし、デフレ状況ともいえる昨今の事情となると話は別だ。物価下落の背景に深刻な事態があるのかないのか。その見定めが必要だ。

消費者物価三年連続下落が意味するもの

一九〇〇円のフリース、二九〇円の牛丼、平日半額のハンバーガー、二九八円の五個入りティッシュペーパー……。二、三年ほど前から、身の回りでびっくりするような「低価格」を目にするようになった。

それを裏付けるように、全国消費物価指数が一九九九年から二〇〇一年まで三年連続して前年を下回った。変動の大きい生鮮食品を除くと、統計が比較可能な一九七一年以来のことだ。この下落傾向はなお勢いが衰えそうもない。私たちは戦後初めて、「物価が下がる世の中」を経験している。

競争原理が働いた

物価には消費者が商品やサービスを購入するときの消費者物価と、企業が流通業者に商品を売るときの卸売物価がある。日本では、企業に近い卸売物価は景気に比較的敏感に反応するが、消費者物価は途中の流通機構が複雑なこともあって景気への反応度が鈍い。それが、ここ二、三年に限れば消費者物価は卸売物価と逆の動きを示している。

主な商品やサービスの下落幅と上昇幅を二〇〇一年の消費者物価指数でみると、下落費目では家具・家事用品（白物家電を含む）が突出しているほか、教養娯楽（パソコン、テレビなどを含む）、被服及び履物が目立つ。これらの多くは、技術革新が進んだうえ生産拠点を労働コストの安いアジアにシフトしたことなどで低価格が実現した。

上昇費目は、光熱・水道、保健医療、教育などである。これらの多くは公共料金だ。民間企業が生き残りをかけて激しい競争をしているのに、「官」のほうはまるで別世界である。ここでは、競争原理がほとんど働いていない。

それでも、電話の通話料金や航空料金など規制緩和が進んだ費目では、着実に価格引き下げが進んでいる。消費者にとって規制緩和や行政改革がいかに利点になるのかを如実に示している。

広がる価格破壊の波

こうした消費者物価の下落が広範囲に及んでいる状況は、「価格破壊」といっていいだろう。バブル経済崩壊後の九〇年代初めにも、第一次というべき「価格破壊」があった。

そのときの主役は、大手スーパーのダイエーや洋服の青山商事だった。それに触発された格好で、酒、靴などのディスカウンターが価格下げを図った。この価格革命のトップランナーをつとめたのが、紳士服、家電、靴、ホームセンターなどのディスカウントストアだ。不況で過剰な在庫を抱えるメーカーや卸問屋から、現金で大量に一括購入することによって、安く仕入れて、安売りを実現させた。アウトレット店、オフプライスショップなど新しい業態もつぎつぎに誕生し、それぞれ消費者の支持を集めた。

しかし、その影響はわりと限定的で、消費者物価全体には及ばなかった。それが、今回は広範囲に及んでいる。価格破壊が新局面を迎えたといえよう。

強烈な「ユニクロ効果」

第一次では、商品の品質よりも安さだけが売り物だった。いまの消費者は安さだけでは満足しない。消費者の信頼をかちとるだけの価値がないと、見向きもしない。

それを象徴するのが、第二次価格破壊の主役であるカジュアル衣料の「ユニクロ」だ。「高品質の衣料を市場の最低価格で提供する」という経営戦略で店舗網を広げ、二〇〇〇年の小売業界最大の話題となった。商品企画から製造、販売まで一貫して受け持つ製造小売業だ。製造は生産拠点を中国に少品種・大量ロットで低価格を実現した。販売は途中に卸売業者を入れない「中抜き」によって、高い利益率を確保している。

主力商品のフリースを一万円でも売れていた時期に、一九〇〇円という価格を打ち出し、度肝を抜いた。新しい生産方法、流通形態を構築することで、二〇〇一年度一二月期の業績は低迷したものの、とにもかくにも低価格と高品質を両立させる「ビジネスモデル」をつくりあげたのである。

ユニクロは衣料分野や流通分野だけでなく、産業界にも大きな影響を及ぼした。単に価格を下げるだけでなく、安いうえに品質がある程度の水準に達していないと消費者は納得しないことを認識させた。これは、たんなる価格破壊というよりも価格革命というべきものだ。産業界に広がる「ユニクロ効果」という言葉が、そのことを示している。

　ユニクロとともに、第二次価格破壊の主役を務めたのがマクドナルドだ。他のハンバーガーも追随して、主要品目で二〇％を超す下落率となった。「半額ハンバーガー現象」は外食産業全体を巻き込んだのである。二〇〇〇年二月から平日のハンバーガーの販売価格を休日の半額にする「平日半額セール」を展開した（二〇〇二年春には改定した）。

数字に表れない下げ圧力

　消費者物価指数は、家計調査をもとにしている。その家計調査のうち、購買頻度が高く永続性のある商品やサービスを対象に、毎月中旬の価格を調査をする。

　これには七日以内の短期のバーゲンセールや特売は含まれない。ディスカウント店やプライベート商品も対象外だ。所得の伸びに不安を抱く消費者は、少しでも節約しようとバーゲン品を購入しようとするのに、それが消費者物価に反映されないのは変な話だ。

　消費者物価指数には、単身者世帯も省かれている。その意味で、消費実態を正確に反映していないともいえる。セゾン総合研究所は早くから独自の物価指数を算出しているが、ここ二年ほどの値下げ幅は一〇％近いはずだとしている。そうだとすると、第二波の「価格破壊」は総務省の消費者物価指数に表れている以上に進行している。価格の下げ圧力は、数字以上に強い。

　物価は、需要と供給の関係で決まる。需要が供給を上回れば、物価は上がる。供給が過多になると下がる。景気がいいと、物価も上がる。悪いと下がる。しかし、資本主義経済のもとでは必ずしもそうはならない。その理由は、賃金の下方硬直性とメニューコスト理論で説明される。

賃金のほうは、労働組合の力が強くなり景気が悪くてもなかなか下がらず、コストインフレの要因となる。メニューコスト理論というのは、よほど生産コストの変化がない限り、いったん世間に公表したメニューの価格を頻繁に変えることがないことから、価格の変動速度が遅いことを示している。このため、資本主義経済は「忍び寄るインフレ」を体質的にもっている。

それが、一変したのである。資本主義経済の大変革といえよう。

構造的要因もからむ

一般的にいえば、価格が下がるのは、好況期でなく不況期である。不況期は、供給が過剰になり価格が下がりやすい経済環境が形成される。

いまの価格革命も、平成不況という未曾有の不況が根底にある。しかし、いまの状況は、景気の循環的な要因だけでは説明がつかない。日本経済の構造変化が進んだこと、日本経済の制度的枠組みが変りつつあること、それに消費者の意識変化なども加わり、さまざまな要因が絡み合って低価格革命を誘発しているとみるべきである。

とりわけ、大きな要因はグローバリゼーションと情報化の進展である。

企業は世界的規模での競争に迫られ、原材料の確保にしろ、生産拠点のシフトにしろ、世界的規模で経営戦略を展開する。そうなると、商品のコモディティ（日用品）化が進む。付加価値が低く差異性がないコモディティは、価格だけが競争の基準になる。

下がらないのは差異性のある高級なブランド商品だけで、日用品は安いほうに鞘寄せされ賃金のコストの安い国の製品がのし上がる。どのメーカーがつくってもそれほど変らないようなコモディティ化した商品は、競争が激化すればするほど値下がりが続く。

安い海外製品の流入はそれ自身が価格破壊をもたらしているが、同時に競合する国内製品の価格低下を誘発する。また、生産拠点をアジアなどにシフトする動きが活発になり、このような生産拠点の再編成が低価格製品の開発や販売を促す。

厄介なデフレ

日本経済はいま、深刻なデフレ局面にある。デフレとはインフレと反対に多くの商品がほぼ同時に持続的に下落することだが、これに生産や販売、通貨流通量の減少など経済が収縮する状態も含んでいる。これがさらに悪化すれば、「物価下落—利益減少—雇用調整—所得減少—消費低迷—さらなる物価下落」という悪循環（デフレ・スパイラル）をもたらす。

デフレで困るのは、消費者や企業経営者の意識や行動が消極的になり、社会の雰囲気が暗くなることだ。物価下落は、おカネの値打ちが上昇することを意味する。一年前より物価が一〇％下がっているとすれば、いまのおカネは一年前より一〇％分購買力が増えたことになる。

こうなると、消費者は「買い控え傾向」を強め、経営者は投資を先延ばしして経営が消極的になる。反面、インフレのときは消費者も経営者も逆の行動をとるので、社会の雰囲気は明るくなる。社会が萎縮気味のデフレ経済は、インフレ経済よりも始末が悪い。

もっとも、物価の下落には両面がある。技術革新や流通機構の改善などによる「良い物価下落」と、景気悪化を反映した「悪い物価下落」である。政府はいまの下落は「良い下落」の側面が強いことを強調するが、実際には区別することが難しい。

物価が下がることは、消費者にとって必ずしもいいことずくめではない。「急いでおカネを使わないほうがいい」と、消費が萎縮するからだ。そうなると、景気がなかなかよくならない。いまの物価下落は手放しで「好ましい」といえる状況ではない。消費者物価下落が続くことは、多くの消費者に景気悪化を連想させる。そうなると、さらに消費が縮こまる。物価下落が経済の縮小を招くデフレ・スパイラルに陥る原因になる。

現在の消費低迷には、消費者の先行き不安や現状に対する失望感ともっと物価が下がるのではないかという期待感がまじりあっている。消費者の萎縮した心理を取り除くためにも、政府は明るい未来を展望するようなビジョンを示す必要がある。

第三節　縮み志向の消費者

不況が深刻度を増すなかで、人々の消費行動が縮まっている。日本経済が構造転換するときを迎えて将来の家計収入が伸び悩むとの見通しから、消費者の間に不要不急のものは買わないという堅実な生活態度が広がっているのだ。同時に、消費者の行動は商品やサービスの価格と効用を正確に判断し、真に満足感を充足するものだけを選択する「成熟型消費」に変ろうとしている。

個人消費の伸び悩み

個人消費の低迷は景気の先行きを暗くさせるが、伸び悩み傾向がはっきりしだしたのは一九九七年春以降である。四月に消費税率が五％に引き上げられたことが引き金になった。三月には税率アップを見込んで、自動車や家具などの耐久消費財の分野で「駆け込み」の需要がかなりあった。このため、四月以降の個人消費の減少は駆け込み分の反動によるもので、その後は徐々に回復するとの見方が強かった。

ところが、この見方ははずれた。個人消費は全体として、ここ数年なかったほどの低迷が続いている。消費低迷が一時的なものにとどまらないのは、消費がそれまでの「現在所得」依存型か

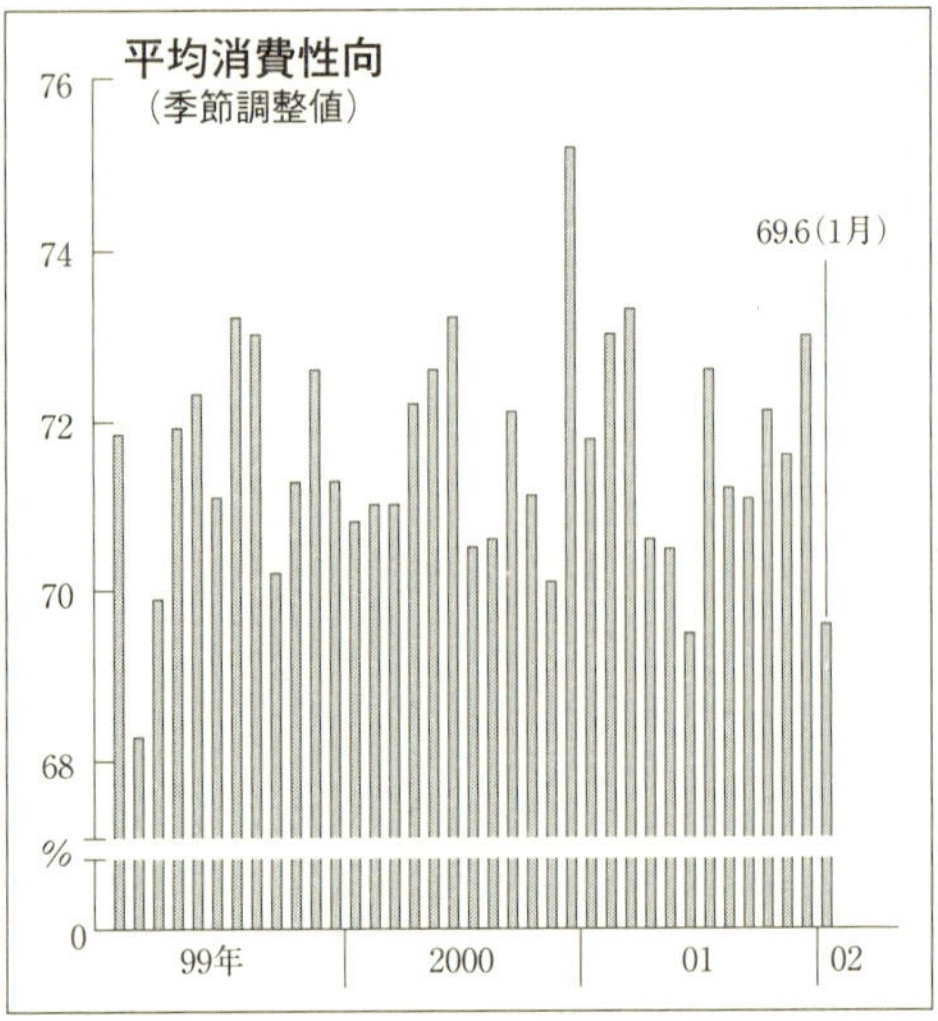

ら「将来所得」依存型に変化していることを示している。

いうまでもなく、消費は所得に依存している。所得が増えれば消費も増えるが、所得の増分ほど消費の増分は大きくない。つまり、所得が増えれば、可処分所得の消費に回る割合（消費性向）は低下し、所得が減れば消費性向は上昇する。それなのに、一九九〇年後半から二〇〇二年にかけては、所得が減ると消費性向も低下するという教科書に反する動きを示した（グラフ参照）。

経済成長が続いた時期には、消費はもっぱら現在の所得に依存する割合が大きかった。しかし、ここ数年の間に、消費者は現在の所得や資産の大きさによって消費を決めるのではなく将来の所得と支出をにらんで消費を決める傾向が強まってきた。「現在」依存型消費行動から、「未来」志向型消費行動への変化である。

収入環境が変った

最大の理由は、消費者の家計収入をめぐる環境が大きく変ってきたことだ。消費者自身、家計収入が短期的ではなく長期にわたって伸び悩むと感じ始めたのである。

賃金の伸び悩む傾向が一段と鮮明になってきたのが、最大の理由だ。日本経済のグローバル化が進み、企業間の競争も激しくなりこれまでのような右肩上がりの成長が期待薄すになった。そうなると、これまでの長期雇用、年功型賃金を軸とする日本型経営が維持できなくなる。

企業としては人員削減を含むリストラ（事業の再構築）を進めつつ、能力主義の人事評価制度などを導入して総人件費の抑制に力を入れざるをえない。年俸制など能力重視の賃金体系が導入されると、多くの人は毎年賃金が上昇するという従来のような期待が持てなくなる。それどころか、自分の評価が下がり減俸されるという心配もある。

高齢社会を迎え、こんご増税されるのではないかという不安感も大きい。政府は財政逼迫を理由に、社会保障費などの公的負担をさらに増やしそうだ。それでも、年金が十分に未来永劫もらえるという保証もない。

加えるに、最近の金融機関や大手ゼネコンの経営破綻、さらにその後の人手百貨店そごうの倒産や大手スーパー、ダイエーの経営危機は、「明日はわが社」を連想させる。こうした有名企業の倒産により雇用不安が引き起こされると、大失業時代の到来を予感させる。消費者が安全で慎重な消費行動をとるのも無理はない。

「含み損」世帯の恨み節

株価と地価の下落に歯止めがかからない「資産デフレ」は、企業だけでなく家計も直撃している。とりわけ、バブル期に多額の住宅ローンを組んでマイホームを取得した人たちの表情は暗い。不動産の値崩れが激しく、いまでは「含み損」となった住宅や土地などの不動産を抱えて、ローンの重圧に苦しんでいるからだ。かつてなら四〇〇〇万円で購入した物件が、五、六年後に五〇〇〇万円とか六〇〇〇万円になった。それが二〇〇〇万円台に目減りしている。購入価格と時価の差が、含み損ということになる。この場合、二〇〇〇万円が含み損である。

とりわけ、地価の高騰と暴落に翻弄された首都圏の勤労者世帯は深刻だ。一九八六年から九六年にかけて首都圏の新築マンションを購入した世帯は一四〇〇万円~一六〇〇万円程度の含み損を抱えている、という試算もある。

このような経済状態は、「含み損」世帯の生活困窮に重圧を加える。株価や地価の下落による「資産デフレ」に、デフレによる収入減という「収入デフレ」が追い討ちをかけるからである。戦後最悪の雇用環境で、失業や収入減はサラリーマン世帯の眼前の脅威となっている。重い借金と増えない収入は、二重に「含み損」世帯を苦しめる。目算が狂った「含み損」世帯から聞こえる恨み節に、政府は耳を傾けるべきではないか。

マイホーム取得が裏目

多くのサラリーマンにとって、マイホームを購入するための「住宅ローン」は「借金も財産のうち」という言葉に示されるように資産形成の有力な手段だった。

日本経済が右肩上がりの成長を続けるなかで、不動産価格はそれを上回って上昇した。少々無理な資金計画でも、生活設計が狂うようなことはなかった。もしもローンが払えなくなれば、売却すればいい。売却すれば、借金を上回る利益が出たのだから、マイホームを持たないほうが損だと思っていたのである。

バブル崩壊に伴う地価下落で、そうした考えが甘かったことを思い知らされた。土地は上がるものという「土地神話」が崩れた。地価上昇にストップがかかり、こんどは下がりはじめ、ついで底値がみえない状況になった。

これに不況が追い討ちをかける。不動産の「含み損」を抱えたうえに、住宅ローンの支払いがままならない。資産形成どころか、借金地獄にはまった状況である。

自己破産がふえる

不況が長引くにつれて、急場しのぎのはずの借金がいつしか巨額に膨らみ「自己破産」の道を選択する人が急増している。

自己破産というのは、債務者自身が裁判所に破産を申し立て破産宣告を受けることである。債務者は申し立てをしたあと、裁判所に呼び出され破産申し立ての内容について裁判官から質問を受ける。支払い不能と判断されると破産が認められる。さらに、免責の申し立てをして、免責の決定を受ければ債務返済はしなくてもいいことになる。

破産によって債務者は選挙権を失うが、弁護士、会計士など一部の職を除くと失職することはない。ほかにクレジットカードがつくれなかったり、ローンを組めないなどの制約があるが、日常生活にそれほどの支障はない。

その自己破産の申し立て件数が、ここ数年、異常なほどのペースで増えている。最高裁判所の統計によると、バブル最盛期の一九八九年には九一九〇件だったのが、バブル崩壊が始まった九一年には二万三二八八件に、九六年に五万件を超え、不況が深刻になった九七年には七万一二九九件にまで増えた。二〇〇一年には十七万件を超えた。

自己破産の理由には、ギャンブルや遊興費などがかさんだためということもあるだろうが、ここ数年の急増ぶりの背景には、資産価格の落ち込みによる債務が巨額になったことがある。破産者で目立つのは、八〇年代後半から九〇年代前半に競うようにマイホームを手に入れた四〇歳代の働き盛り世代である。長引く不況と雇用悪化で、複数の金融会社から多額の借金をする多重債務者も急増している。

いま、返済能力を超える借金を抱えた「破産予備軍」は、一五〇万人から二〇〇万人といわれる。これらの人々のなかで、返済のためにだけ借金を繰り返す「まわし（自転車操業）」を続けている人が少なくない。不況の長期化によって、潜在的な自己破産者がさらに表面化するだろう。

日本の個人金融資産は二〇〇二年には、一四〇〇兆円を超えた。しかし、「資産デフレ」の影響で個人レベルの債務のほうも少なくはない。信用販売と消費者金融の信用利用額を足した信用供与残高、これに住宅金融公庫の融資残高、金融機関の個人向け融資残高などを勘定に入れた額は二〇〇兆円を超えるという推計もある。この額は、国内総生産の四〇％に相当する。

当然のことながら、「含み損」世帯は消費支出を削減する。彼らの多くは、資産価値が下落したことで消費に向かう気分が消極的になる。資産価値が上昇していたときは、「資産効果」が消費増大をもたらしたが、いまは逆の現象、「逆資産効果」が起きている。

第四節　失職が当たり前の世の中!?

失業者が増え続けている。つい最近まで、「ウチの会社がつぶれるはずはない」「オレだけは首切りを免れるだろう」と楽観していたのが、そうもいかなくなった。リストラという名の人員整理が、私たちのすぐそばまでひたひたと忍び寄っている。

失職はいまや、他人事ではない。「次は自分の番か」という不安感が広がれば、消費を手控えるのも当たり前だ。私たちは、「失職不安」にどう対処すればいいのだろうか。

五％ショック

不況が長引くにつれて、政府が毎月発表する労働力調査がマスコミで大きくとりあげられるようになった。その労働力調査によると、二〇〇二年一月の完全失業者数は三四四万人と一〇カ月連続で増加している。完全失業率は五・三％で、過去最悪だった二〇〇一年一二月の五・五％よりやや改善したものの相変らず五％台に乗っている（グラフ参照）。五％といえば、二〇人に一人が失業中ということになる。

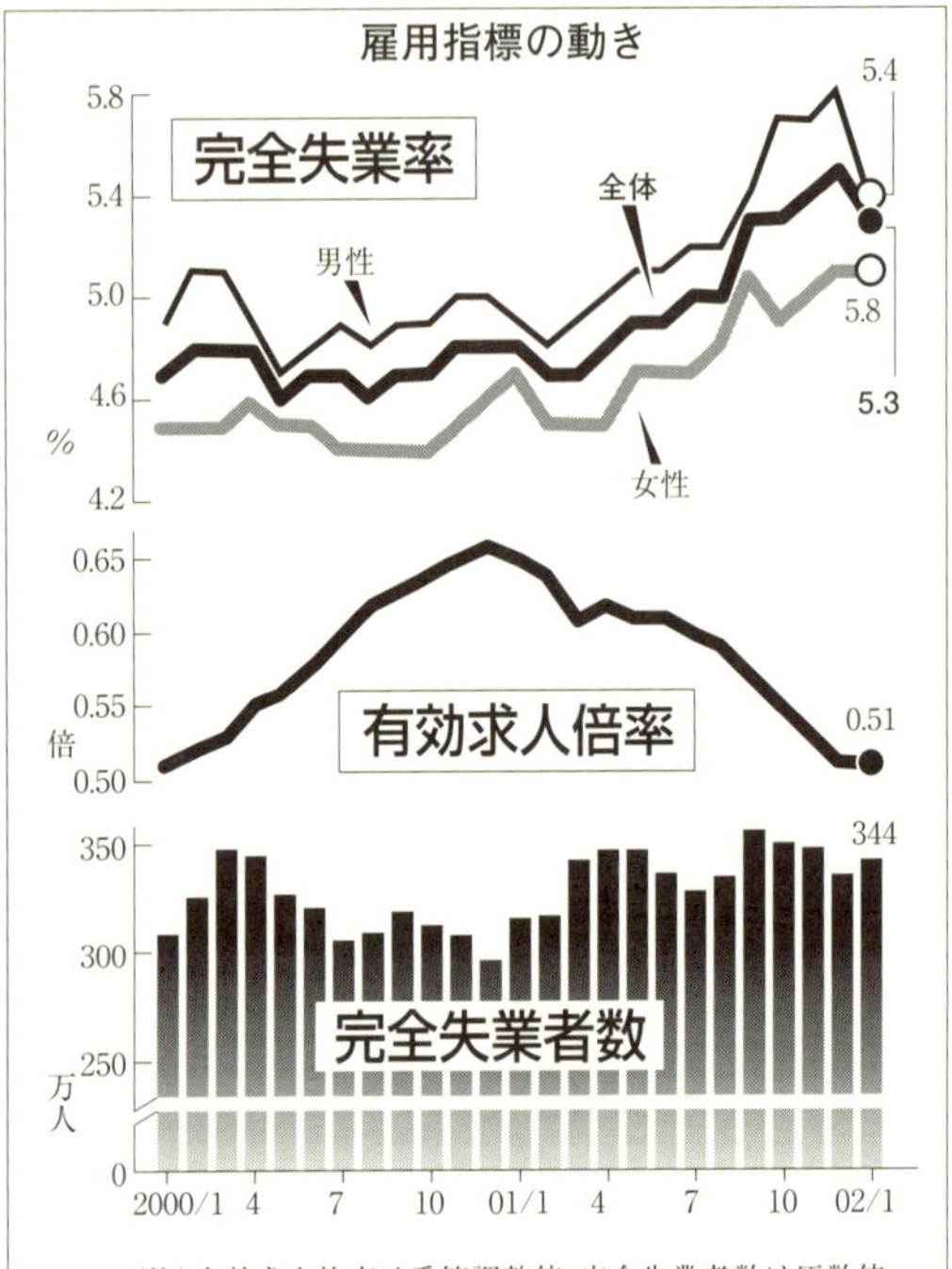

（注）有効求人倍率は季節調整値、完全失業者数は原数値

現実はもっと深刻である。というのも、完全失業者というのは、職を失ったためにハローワークなどで積極的に職を探している人の数である。ちょっとやそっとでは職は見つかるまいと、求職活動をやめている人は

完全失業者の区分から除かれる。だから、実際の数はもっと多く、公表された数字の一・五～二倍という見方がある。そうだとすると、失業率は八％台だろうか。

男性と女性を比べると、男性の失業率が〇・二％ポイント上回っている。男性失業者を年齢別で見ると、四〇歳台や五〇歳台が高い。中高年の場合は、生計を支えているだけに消費の停滞など経済全体にマイナスの影響を及ぼす。

中高年の失業者が増えているのは、たんに不況が長引いているだけではなくさまざまな理由が加わる。最大の理由は、リストラである。先の調査では、リストラや倒産などによる「非自発的」離職者は一四七万人で、自己都合などによる「自発的」離職者一〇七万人を上回っている。

リストラは「事業の再構築」といわれるように、本来は収益部門への進出や不採算部門からの撤退など企業組織の改編を意味する。それが、いまでは人員削減の代名詞になった。

日本の経営者、とくに大手企業では、不況が深刻化してもなかなか雇用には手をつけなかった。従業員を守ることこそ、経営者の最大の使命という誇りがあったからだ。それが、ここにきて様変りした。日本を代表するような企業、たとえば日立や東芝などの総合電機、新日鉄などの大手鉄鋼、その他大手流通業、総合商社などほとんどの分野で人員削減計画が次々に明らかになった。それほど今度の不況は、底が深いということである。

年功序列型賃金と社会への貢献度の関係

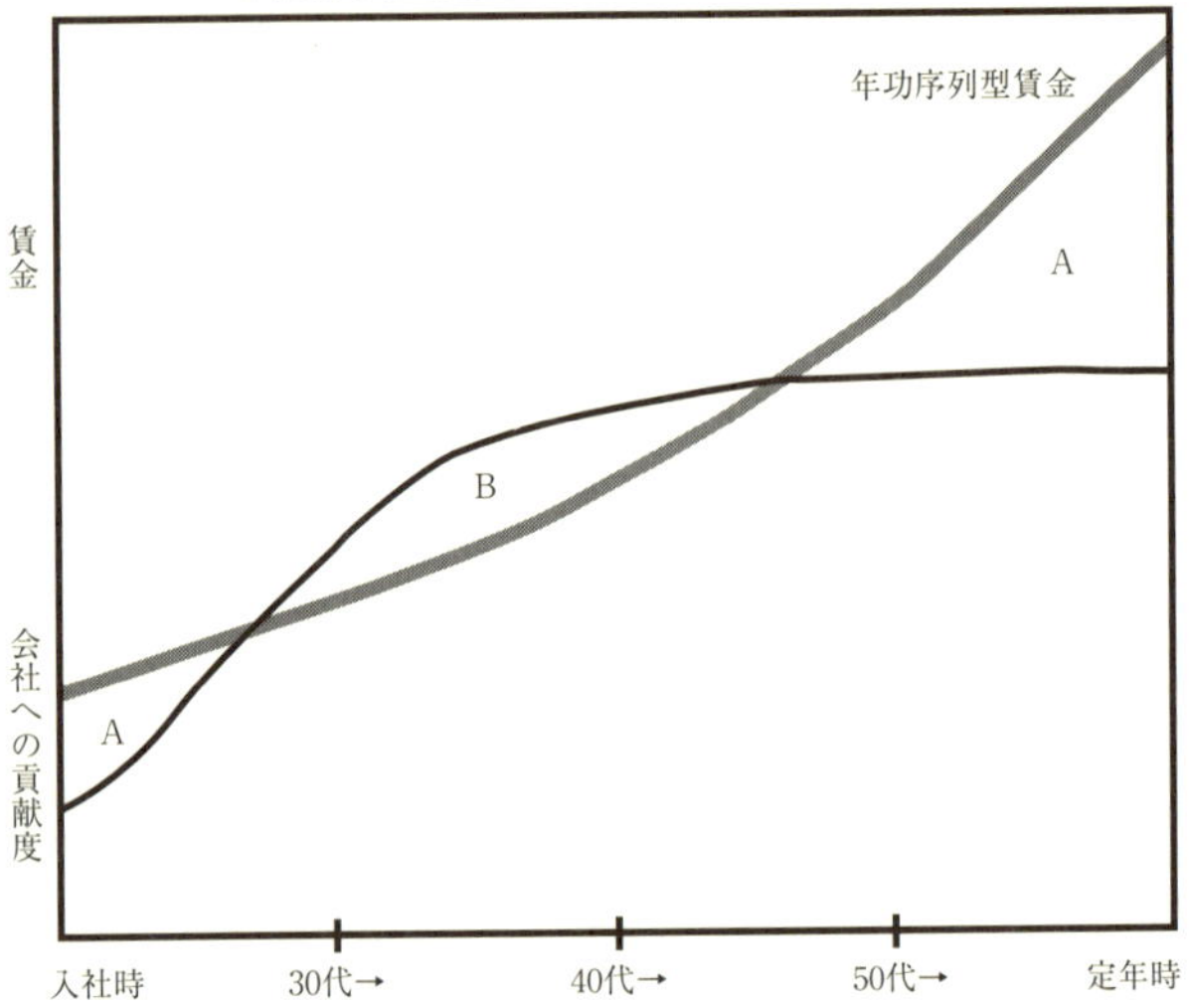

標的は中高年

リストラの標的は、どうしても給料の高い中高年層になる。どうしてか。

日本の多くの企業ではこれまで、年功序列型の賃金体系をとっていた。図のように、賃金（太線）は年々上がるが、会社への貢献度または従業員の生産性（細線）との対比で見ると、入社後数年は賃金が貢献度を上回るが、勤続年数とともに賃金のほうが下回り、その後四〇代半ばから高年層になると貢献度を上回る賃金を得るようになる。図の二つのAとBの大きさは同じで、定年まで受け取る賃金と貢献度は一致している。

そうだとすると、企業が貢献度を上回る賃金をもらう中高年にリストラの照準を合わせるのは当然だが、従業員にはたまったものではない。さあ、これからたっぷりいただこうというときに、失職の憂き目にあうのである。

中高年のホワイトカラーに厳しいのは、情報革命の大波が押し寄せてきたからでもある。中間管理職の役割は、末端の情報を整理し味付けをしてトップに伝えることだった。それが、トップ層はいまではパソコン画面で末端情報を瞬時に把握できる。そうなると、中間管理職の存在理由が薄れる。いわゆる「中抜き現象」の広がりである。

日本の企業が抱えている過剰人員（失業予備軍）は、五〇〇万人ともいわれる。このなかには、会社から仕事も与えられず、自己退職するように仕向けられる人も少なくない。

今後さらに構造改革が進めば、産業間、年齢間、職業間の労働力の需給不均衡（ミスマッチ）が拡大するだろう。こうした点をも加味すると、失業率はじりじりと上昇していくだろう。

明るい失職時代に

失業は個人の尊厳を損ない、社会の雰囲気を暗くする。しかし、労働力を生産性の低い分野から将来性のある分野に移し替えることは、経済全体の生産性を上昇させる。日本の産業界が構造改革を進めようとすれば、失業増は避けて通れない道である。

これからの時代、多くの人は一生の間に何回も職を変えるだろう。当然のことながら、この間に何回か失職する。失職したからといって、落ち込んでいる時代ではなくなるのである。失職期間こそ、次の飛躍へのステップと考えるべきだろう。

そのためには、つね日ごろから絶えず自らの能力を高めるという心構えが求められる。とにもかくにも、心に太陽を、唇に歌を、である。明るく振る舞うしかない。

第五節、消費の主役「団塊ジュニア」の意識と行動

消費社会の主役は、いつの時代も若者である。消費社会の最前線にいる彼らは、自由に使えるおカネはそれほど多くないが、消費の情報に詳しく、流行や新しい感覚に鋭い反応を示す。彼らの間に生まれた現象は、やがて古い世代にも広がり、ついには社会全体の潮流になる。

最後の巨大市場

消費社会でいま脚光を浴びているのは、「団塊ジュニア」と呼ばれる世代である。団塊ジュニアは、一九七一年から七四年にかけて生まれた人たちを指す。

この間の年間の出生数は平均して二〇四万人。総勢で八一〇万人に達する。前後の世代よりは二割ほど多い。少産化がいわれる現在の年間の出生数が、一二〇万人程度だから、この世代がいかに分厚いかがわかる。これより若い年齢層は、年を追う毎に少なくなる。たとえば二〇〇〇年の二〇歳人口は一六〇万人、二〇〇五年ごろには一四五万人に減る。団塊ジュニアが「最後の大

マーケット」といわれる由縁である。

団塊ジュニアは、二〇〇〇年時点で二〇歳台後半になった。ほとんどは社会人である。さらに数年たてば、世帯を形成する年齢層に達する。これに伴い、耐久消費財や住宅の購入、レジャーなど、さまざまな分野でこの世代が大きなマーケットになっていく。企業が日本で最後の突出したボリュームゾーンに関心を持つのは、当然である。企業が団塊ジュニアに着目するのは、彼らの価値観や生活意識などの「質」である。これまでの手法のまま、量のマーケティングだけを追求してみても、成果が得られないことに気付いたからである。

団塊ジュニアは摩擦が嫌い

経済的豊かさと高度情報化という社会の成熟化が進む中で生まれ育った彼らは、存在感が希薄で波間にプカプカ浮いているようだ。

世代としての名を与えるとすれば、「摩擦回避世代」であるという。博報堂生活総合研究所は、団塊ジュニアのほぼ一〇〇〇人を対象にして調査した結果、こう命名した。この世代は、社会のシステムにも、世の中の常識にも、自分の心にも、人との関係においても、摩擦を回避する方向での生き方、考え方、行動パターンをとる。

特徴の第一は、「自然体」だ。無理しない、我慢しない、対立しない、気にしないことで、自分の心の中での葛藤を避ける。第二は、「よいこ」だ。楽天的な面はあるが、真面目で、素直で、前向きといった姿勢もみられる。一昔前の「生意気な若者像」とは、様変りだ。第三は、「低温」だ。若いのにクールで現実的だ。自らの温度を下げることで、社会や友だちとの摩擦を避ける。第四は、「囲い込み」だ。自分の物差しを大事にし、人から干渉されないように、自分の周りに囲いをつくる。第五は、「無性化」だ。男である、女であるという境界が消えている。男女の区分を意識することで生まれる性の摩擦を回避しようとする。

豊かな時代に生まれ育った団塊ジュニアは、かつての若者のように反抗的ではない。表層的には素直で、異なる世代に反発する態度はみせない。世代としてのオリジナリティにこだわらなくなっただけ、かえってしたたかなのかもしれない。

トレンドに関心薄い

かつての若者は、常に世代の「先端」を歩もうとした。「大人世代」との断絶をことさらに強調し、大人が気づかない新しい流行を追い求めた。旧世代との「世代間闘争」が、トレンドを生み出してきた。しかし、九〇年代に入って、バブル崩壊の大波をかぶり、トレンドの構図が変った。従来なら、次の世代が台頭するところだが、バブルの喧騒の度がすぎていたせいか、団塊ジュニアに「あんなみっともない真似はしない」という反発が芽生え、トレンドにほとんど関心を示さなくなった。時代の先端の役割からさっさと降りたのである。

いま、団塊ジュニアの消費態度は、バブル期の若者よりも質素だったりする。カッコをつけずに、身の丈に合った消費をおこなうようになったといえる。なにより、バブル期の贅沢が内容の伴わない消費態度であったことを知っている。それだけに、メディアの強迫的なトレンド情報には、惑わされない。「嫌いなものは嫌い」といい切る。

こうなると、団塊ジュニアからは流行商品は生まれないのかもしれない。彼らが十五歳前後のころ、独特の消費者層として「十五（いちご）世代」というネーミングで、消費社会でもてはやされた。しかし、各企業が仕掛けた団塊ジュニア向けの商品は、ほとんど失敗した。結局のところ、団塊ジュニアにうけたのは、「カラオケ」と「ポケベル」と「Jリーグ」、それに携帯電話くらいである。

団塊ジュニアの消費性向

それでは、団塊ジュニアの消費性向をどうみればいいのだろうか。

ひとつは、本物志向で消費態度が堅実であることだ。同年齢人口が多く熾烈な競争状態に置かれるので、他人との競争を回避したいという心理が働く。「人は人、自分は自分」の考えが強くなる。商品の選択に、けっこう価格を重視する。そのくせ、気に入ったものは、値段が高くても買うし、ブランド品でも自分に合わないと見向きもしない。

もうひとつは、生まれつき個人主義的傾向が強いことだ。ファミコンやゲームにみられるように、「一人遊び」が好きである。しかし、群れることも好きで、「ムラ」的共同体感覚は健在のようにみえる。一見、群れているようにみえて、最終的には『個』にこだわっているだけである。物理的には群れていながら、現実は仲間と時間を共有している「自分自身」に関心があるだけである。

団塊ジュニアは、高度成長がピークを迎えるころに生まれた。原っぱでの遊びをしなかった代わりにメディアの海の中で遊ぶことを覚えた。あふれるばかりの情報洪水の中で、自分にとって大事な質の高い情報を求める。雑誌やテレビなどのマスメディアの情報より、カタログや口コミに重きを置く。いい情報かどうかは、自分の物差しで決める。

「近頃の若いもん」

いま、社会で生息する若者は団塊ジュニアの後の世代である。基本的には団塊ジュニアの意識や行動を引き継いでいるものの、微妙に違う。

その象徴が、「ケータイ」に表れている。ケータイを片時も離さない若者たちはモノではなくコミュニケーションに、お金も時間も一番割いている。ケータイはいつも留守番状態にしておき、発信元の電話番号を見てから話したい相手を慎重に選び分けて電話をする。

ここでの、コミュニケーションは仲間うちだけで他人は不在である。そういう生態の「近頃の若者」が生み出すのは、キャラクタービジネス、クルマ、音楽産業、ユニクロ、フリーマーケットなどの分野からの流行現象である。

彼らはケータイによって、茶髪や音楽の記号によって、「若者は一つの共同体として繋がれる。だが、その繋がりは公共的な社会とはいえない」（武田徹『若者はなぜ「繋がり」たがるのか』）のである。

戦後社会が、若者の好奇心によって消費を拡大し、新しい市場を開拓したことは間違いない。若者は常に、自分の将来の世界を現実のものにしようとして生きる。彼らの価値観や行動形式が、現実の中では異様に見えても、それはそれなりに必然性がある。いつの時代も、若い世代は、私たちの世界を先取りしている。

第六節　「高齢新人類」と呼ばれるシルバーたちよ！

元気いっぱいの「老人」をよく目にする。朝早くからゲートボールに熱中している。ハイキングやテニスをする老人も多い。病院や公園だけでなく、スポーツ施設、海外旅行先、繁華街のバーやレストラン、さらにはピンクゾーンにも、体もこころ元気なシルバー（the young at heart 米国ではこう表現することが多い）たちが出没する。新しい大消費者層である。

「高齢新人類」がやってきた

「高齢新人類」という言葉がマスコミに登場するようになった。ひところ流行った「新人類」に「高齢」をくっつけただけだが、明るいイメージを感じさせる響きがある。

具体的にどういう世代の人たちなのか。世代とはいうまでもなく、同時期に生まれた人たちの集団のことである。狭い意味ではほぼ同年生まれの集団を指すが、広義には一〇～一五年の間に生まれた集団をひとまとめにしていう場合が多い。高齢者は厳格にいえば六五歳以上だが、現役を引退した世代を含めれば六〇歳以上だろう。

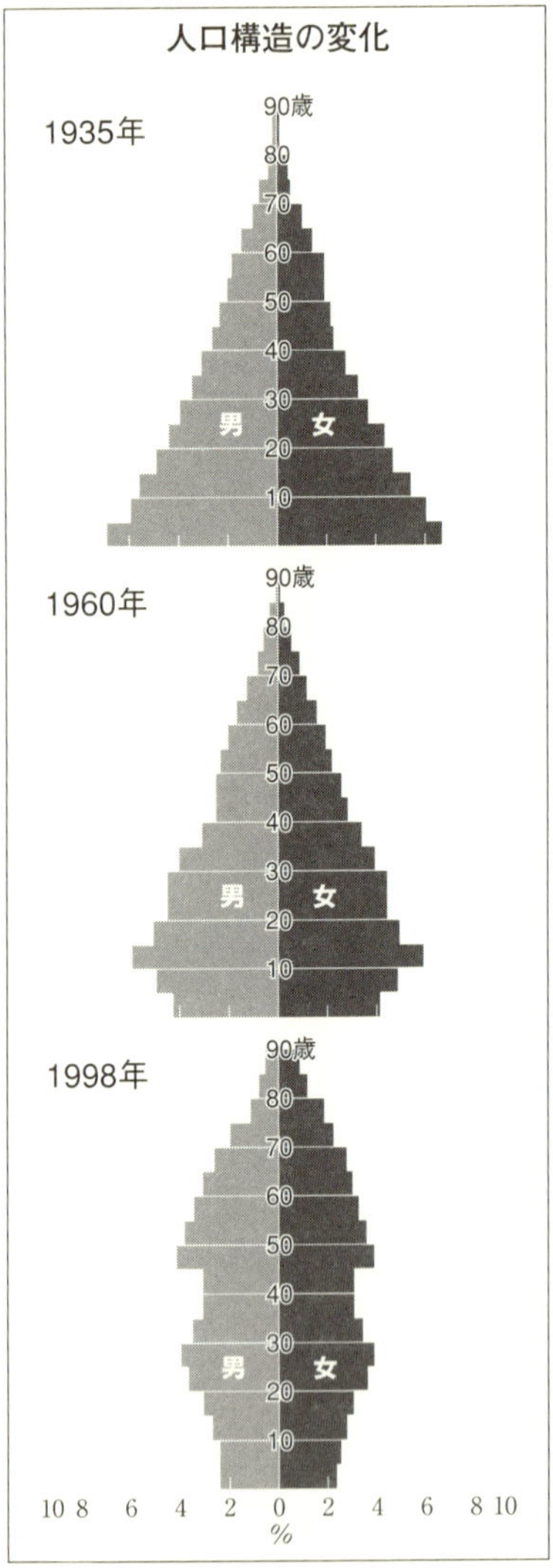

そうだとすれば、高齢新人類がどの世代になるかが、はっきりする。二〇〇二年には、昭和一〇年生まれが六七歳になり、昭和一七年生まれが六〇歳になる。彼らは戦後の貧しい時代に育ったが、戦後の自由な環境のなかで教育を受けた。成人してからは、高度成長の担い手になった。このように昭和一〇年代生まれの塊が現在の高齢新人類である。

しかし、ほんの数年後にはさらに本格的な高齢新人類が登場する。グラフのように、昭和二二年（一九四七年）から昭和二四年生まれの「団塊の世代」である。

彼らは二〇〇〇年半ばに六〇歳定年を迎え、二〇一〇年以降に文字通りひとかたまりになって六五歳以上の高齢世代の仲間入りをしてくる。とりあえず六〇歳以上を高齢者世代だとすれば、現在は約二八〇〇万人、総人口比で二二%を占める。それが二〇一〇年には総人口の三〇%近くになる見込みだ。

二一世紀の消費パワー

高齢新人類の登場は、多様なニーズ（需要）を持った大消費者層の出現である。従来の高齢世代との違いの第一は、心身ともに元気であることだ。高齢者の体力は二〇年ぐらい前に比べて一〇歳ぐらいは若返っている。現在の六五歳はひとむかし前の五五歳くらいである。アスレチックジムで水泳を楽しみ、オートバイにまたがり、パソコンを繰る。新しいものに興味を示し、チャレンジ精神も旺盛だ。電車のシルバーシートに座ろうとはしない。

第二は、金銭的に恵まれていることだ。世帯主の金融資産残高は、六〇歳以上が五〇%近くを占める。子育てに追われる中年世代とは比較にならないほど金銭的に余裕がある。住宅ローンが少なくなっていることや教育費の心配がないことも考え合わせると、現役世代よりもリッチである。

第三は、若い時代を戦前戦中におくった従来世代と比べて、人生経験や生活経験がより豊かで恵まれている。経済社会での競争は激しかったが、消費の楽しさを経験している。戦後の消費社会の担い手でもあった。

消費生活の単位としての世帯数の増加も、高齢者には顕著な傾向である。世帯主年齢が六五歳以上の世帯が占める比率は、老人人口の比率を上回るものがある。すなわち、九〇年には八五八万世帯（全世帯に占める割合は一六%）だったのが、二〇〇〇年には一〇七六万世帯（同二三%）に増加した。

元気で、おカネがあって

こうなると日本経済における消費構造を予測するには、高齢者の消費行動と消費意識の解明が欠かせない。高齢新人類の消費市場への影響力を見る場合の物差しがある。すなわち、モノがあふれる豊かな消費社会での遊びを「カネを使ってヒマを消化する行動」だとすれば、遊びの大きさは次のようになる。

遊びの大きさ＝カネ×ヒマ

カネとヒマを掛け合わせた総量が大きいほど、「楽しみの可能性」というか、容量が大きいことになる。楽しみの可能性が大きいのは、カネとヒマがたっぷりある人たちである。カネがそれほどなくてもヒマが多ければ、またヒマがなくてもカネがたくさんあれば、楽しみの可能性は、ほどほどに大きい。

ここでのカネは、自分の意思で勝手に使える自由裁量所得のことだ。ヒマは、自分の自由になる自由裁量時間のことである。性質の異なるものを掛け合わせることは、それ自体で論理性を欠くが、要するに、カネとヒマを掛け合わせた総量が大きいほど、遊びの容量が大きいことになる。この公式を採用すれば、そのまま「消費パワー」の大きさを測る物差しにもなり得る。

そうだとすれば、カネとヒマがたっぷりある世代ほど消費パワーが大きい。若者世代はカネをそれほど持っていないが、時間はたっぷりある。中年世代は子どもの教育費や住居費にカネがかかるし、仕事も忙しい。高齢世代は人生八〇年時代とやらで、時間はたっぷりある。カネもほかの世代よりもたくさん所有している。集団としての塊も大きい。消費社会の主役になる条件は整っている。それでは、消費スタイルはどうか。

第一が、「自分志向」である。若い世代と同様に、個人の生活を大切にしたいという人が増えており、自分専用の部屋、テレビ、オーディオ、電話を持ちたいという占有欲求も強い。

第二が、「悠々志向」である。無理せずにマイペースで、年相応に齢を重ねていきたいという気持ちが強くなっている。

第三が、「不老志向」である。いつまでも若々しくありたいという。このため、アスレチックジム通いをして体形維持に励んだり、おしゃれにも気をつかう。

第四が、「上級志向」である。勉強や読書に時間をかけて自分を高めるいっぽう、情報化の流れに乗り遅れたくないので、パソコン教室に通ったりする。美術、クラシック音楽やオペラへの関心も深い。

第五が、「遊び志向」である。長い間、仕事人間だった人が遊びに生きがいを見出すようになる。海外旅行も増え、パスポートを保有している高齢者は一〇年間で倍以上の二八％にもなったという。

こうしたことから、「自分の世界で、いつまでも若々しくゆとりを持って趣味に没頭し、遊び心を持ちつつ高尚な世界を目指す」というのが高齢新人類のイメージである。

失敗したシニア市場

産業界が高齢者をターゲットにした「シルバー市場」の拡大にやっきになったことがある。一〇年ほど前のことだ。衣料、食品、化粧品、家電製品など、高齢者を対象にした商品づくりをした。百貨店業界でも、シルバーを対象にした売り場やコーナーをつくったが、ほとんどの店で失敗した。

高齢新人類は、なによりも年寄り扱いされるのを嫌う。衣服にしても、高齢者は若さを強調するものを求めシルバー商品と銘打ったものには見向きもしない。デパートの洋服売り場では、年齢より五歳から一〇歳程度若く見える洋服をすすめるのがコツだという。忍び寄る老いから逃れるためにも、精神だけはずっと輝いていたいのだ。

そうだとすると、高齢者をひとくくりにとらえることは不可能だ。若い世代に比べると、人によってそれぞれ人生経験が違うし、体力も個人差が大きい。収入や資産にも格差がある。当然、価値観や意識は人さまざまだ。年寄り向けにシルバー商品を開発するという発想では、社会経験豊かなシルバー層を取り込むことはできない。

消費者の立場を考え抜いた良質の商品なら、もともとが若者向けのものでも、結果として高齢者も購入する。「高齢者だけ」の商品ではなく、「高齢者も」という発想が必要である。基本的に、高齢新人類の消費市場は大人向け市場または熟年者市場ととらえるべきだろう。

エイジレス・ソサエティに

社会の雰囲気は、若い世代が多いほど、明るいだろう。しかし、年寄りの多い社会を暗いと決めつけるのはおかしい。

いまの高齢者は豊かであり、個性的であり、健康的でおしゃれである。限られた時間を楽しくゆったりした気持ちで過ごしたいと思っている。生活を楽しむための消費に肯定的である。その点では、より若い世代の消費意識や消費行動とそれほど違わなくなるのではないか。日本の社会はこれまで、世代や年齢で区分されすぎていた。しかし、高齢化の進展は、それを崩す作用を及ぼす。

高齢社会（aged society）は、エイジレス・ソサエティの到来でもある。高齢化が進むと、高齢者は特別の人ではなく、普通の人になるからである。

第七節　モノは充足されていった――戦後の暮らしの軌跡

ここで、私たちの消費生活の過去を振り返っておこう。消費者の視点から、戦後の暮らしの軌跡をたどることで、生活の未来像が見えてくる。

食べることから始まった

庶民にとっての戦後は、食べることから始まった。都市の住民は、食べることに必死だった。配給のイカやタラ、野菜の切れはしを副食にして、イモ、カボチャ、トウモロコシなどで空腹をしのいだ。家庭菜園に精を出し、つてを求めて農村に買い出しに出かけた。このころの生活ぶりを、人々は自嘲気味に、「タケノコ生活」と呼んだ。タケノコのように、身の皮を剥ぐようなやりくりで、家計の危機を乗り越えようとしたのである。

「エンゲル係数」という言葉が、新聞などにさかんに登場したのも、そのころである。支出に占める食料費の割合である。終戦後まもなくのエンゲル係数は、七〇％を超えていた。これでは、食べるだけで精一杯。当然のことながら、その後の経済発展とともに、エンゲル係数は、どんどん低下してゆく。一九五九年は、四七％に、一九七三年は三八％になった。いまは二三％台である。もはや死語同然だが、不況が長引くと再び蘇るかもしれない。

食生活が変った

日本経済は、朝鮮戦争が産業界に活力を与えるなどのツキにも恵まれ、一九五五年には、多くの経済指標が戦前の水準にまで回復した。その翌年の『経済白書』には「もはや戦後ではない」の名文句が登場した。

そのころ、「戦後加工食品のチャンピオン」といわれる即席ラーメンが発売になった。どこへでも携帯でき、お湯をかけるだけで二、三分後に食べられる。インスタント食品は味の改善も著しく、ミートソース、かまめし、おでん、中華どんぶり、酢豚、雑炊、ご飯……と、種類も増える一方である。

大阪で万国博が開かれた一九七〇年は、外食産業幕開けの年といわれる。会場には、米国で流行っているようなファーストフード店が軒を連ねた。この年、「ケンタッキーフライドチキン」や「すかいらーく」が、翌年には「マクドナルド」が開店した。

外食は家族のレジャーになり、主婦の食べ歩きがさかんになった。いまや、日常の食生活は、「家でつくって食べる」から「家でつくったものを外で食べる」へ、さらに「外で食べる」（外食）と「外でつくったものを家で食べる」（中食）の併存になった。

この間、日本は食糧の輸入大国になった。エビやマグロなどの高級魚だけでなく、野菜や果物などの日常の食品も、海外から買い集めるようになった。飽食の時代、グルメの時代は、海外の食材に支えられている。

こうして、日本の食糧自給率は年々落ちてきた。穀物自給率は、九〇年代に入ると三〇%になり、カロリー自給率は五〇%を割るようになった。アジア産の野菜や魚が航空機で運ばれる時代である。いまや、日本一の水揚げ港は、金額ベースでは成田空港である。

電化製品が入り込んできた

一九六〇年代に、日本経済は高度成長期に入る。国民の所得が増え、購買力が高まった。家庭電化が進んだのが、このころである。

テレビ、洗濯機、冷蔵庫の三つは、「三種の神器」と呼ばれ、急速に普及した。かつて洗濯は、日々繰り返される主婦の重労働だった。井戸端でタライに水を汲み、しゃがみこんで、洗濯板に衣類をごしごしこする。洗濯機の普及により、多くの主婦はそこから開放された。この後、カー、クーラー、カラーテレビの「新三種の神器」が登場する。私たちの暮らしは、かつて憧れたアメリカの生活に一歩近づいた。

高度成長期の六六年、長谷川町子が描くサザエさんは、「アー、このごろは電化のおかげでひまだわー」とあくびをして、パートに出た。家庭電化の進展は、戦後の女性解放を象徴するものの一つだったといえる。

住宅は立ち遅れた

終戦直後の住宅事情は、惨憺たるものだった。親戚や知人宅にころがりこんだり、雨露をしのぐのがやっとという掘っ立て小屋生活をしていた世帯は、四〇〇万世帯を超えていたと推定される。

この状況に、政府は有効な政策を講じようとはしなかった。緊縮財政下では、公営住宅の建設に資金が回らなかった。経済は順調に伸びはじめていたのに、一九五九年度の『建設白書』は「住宅についてはなお戦後である」という見解を示している。

同じ敗戦国のドイツが住宅政策に力を注いだのに対して、日本は重化学工業化など産業政策に重点が置かれた。経済大国になったのに、いまなお住宅が貧弱なのは、政策の立ち遅れのせいでもある。

私たち日本人はずっと、便利な場所で快適な暮らしができるような住まいを求めてきた。家を持つことが、人生の目標であるかのように思い込んでもいた。しかし、現実は厳しく、「自分の家」をもつ夢は蜃気楼のように、追っても追っても追いつかず、その夢は遠のいた。いま、バブル経済の崩壊による地価の下落を背景に、ひところよりも住宅やマンションを購入しやすくなったかにみえる。とはいえ、不況の深まりとともに、所得の増大も期待できない状況になってきた。日本のサラリーマンは、資産価格の上昇を期待して、持ち家の取得をめざした。そのためには、長い労働時間を厭わず、生活費まで切り詰めた。これでは、日々の生活を楽しむ余裕がない。いわば、家を持つために、「生活の質」の向上を犠牲にしたのである。ここに、「豊かな社会」であるのに真のゆとりを実感できない一因がある。

それでも、ともかくも、持ち家が増えた。日本人の持ち家比率（居住する世帯のある住宅数に対する持ち家の比率）は、すでに六〇%を超えている。これは、米国や英国の六四、六五%にわずかに及ばないとしても、フランスやドイツを上回る。

多くの消費者にとって、一生で一番高額な買い物は住宅である。しかし、資産価値にだけ目を奪われての持ち家探しでは、人生が寂しすぎる。大切なことは、子孫にわずかな資産を残すことではなく、個々の人がライフスタイルに応じて「生活の質」を高めることではないか。私たちは一生、一つの家に住み続けるよりは、子供の学齢や仕事の状況、さらには年齢に応じて、住み替えるほうが、快適で充実した人生を送れる。

「経済のソフト化」が進んだ

この間、暮らしの変化と足並みをそろえる形で、日本の産業構造も急激な変化を遂げた。その現れが、「経済のソフト化」という現象である。

「経済のソフト化」とは、経済社会でサービス業など第三次産業の比重が高まる状況だ。大方の先進国は、この道筋を歩んできた。たとえば、第三次産業の比重を労働人口でみると、米国も英国もそれぞれ七〇％を超える。ドイツは第二次産業の比重が高く第三次のウエイトは先進国では低いほうだが、それでも五五％もある。

日本でも同じだ。高度成長が始まる前の一九五五年の就業構造をみると、第一次は四一％、第二次が二三％、第三次が三六％だった。それから二〇年後には、第一次が一三％に激減したのに対し、第二次は三五％に、第三次は五二％に拡大した。その後も、米国の産業構造を追いかける形で、第三次産業の比重が高まり、いまや、第三次の比重は六〇％を超える。

日本は一九七〇年半ばに、第三次産業就業者の人口の割合が五〇％を超えた。この時期に、日本経済は本格的なソフト経済時代に突入したといえる。

まず、第一は、国民意識の変化だ。経済成長による所得水準の向上とモノの充実に伴って、私たちの意識は、「モノの豊かさ」から「心の豊かさ」を求める方向に移行しつつある。価値観やライフスタイルの多様化を反映して、モノやサービスに対するニーズ（欲求）も多様化してきた。

第二は、自由時間の増大である。ひところ、「働き中毒」といわれた日本人の年間労働時間は、一〇年前と比較すると、二〇〇〇時間も減り年間総労働時間は一九〇〇時間台になった。フランスやドイツのような「余暇先進国」よりは三〇〇時間ほど多いが、ほぼ米国並みになった。自由時間の増大は、経済のソフト化を促すのである。

第三は、情報化の進展である。パソコンの普及にみられるように、情報化の波は個人レベルに及んでいる。インターネットを通じたマーケティングなどにより、情報ネットワーク上のビジネス・チャンスが広がっている。高度情報化社会の到来は、ソフトインダストリー全体の質的向上をもたらすだろう。

サービスの外部化

経済のソフト化の進展に伴って、これまで家庭や企業が自ら行っていたことを外部の業者に委託する動きも活発になってきた。家庭の場合、女性の社会進出の影響が大きい。

女性の積極的な社会進出とともに、経済力をもった女性は家庭や職場以外の場で自己実現を図ろうという意識が強まってきた。そうなると、家事や育児を外部の専門業者に任せて、自分のための時間をつくろうとする。一例は、ファミリーレストランやファーストフードなど外食産業の隆盛だ。

企業の業務や機能を外部に依存する「アウトソーシング」の機運は、デザインやマーケティングなどの知識集約的な分野からビルメンテナンスのような労働集約度の高い分野にまで広がっている。業務の一部分を外注する形態はかねてからあったが、今日では秘書代行や経理代行、総務や人事といった主要分まで代行させるケースもある。今後も情報処理、物流、防犯関係、職場環境の向上などの領域でアウトソーシングを拡大していくだろう。

今日の暮らしを大切に

戦後、私たちの消費水準は驚くべき上昇を示した。一九五五年を基準にした一人当たりの実質消費支出をみると、六五年には五五年の二倍になり、八〇年には四倍になり、九〇年に六倍近くになった。これまで順調に経済発展が続いた時代でも、一世代かけて消費水準が二倍になるのを経験できたに過ぎない。それに対して、「私たちは三・五世代分の経験をした」（橋本寿朗著『戦後の日本経済』）のである。

私たちは戦後、ひたすら物質的な豊かさを追求することによって、幸せがもたらされると思った。しかし、それが実現されると、そんなはずでは、という疑問にとりつかれる。モノがあふれる豊かな社会は、どこか空疎である。心のなかに、すきま風が吹く感じなのである。多くの国民の関心は、生活を楽しみ、限りある人生を有意義に過ごすことに向かっている。そこにこそ、人生の幸せがあるというものだ。

考えてみると、私たちは日々の仕事に追いやられて、足元の生活をそれほど大切にしてこなかったのではないか。暮らしの足元を見つめないで、社会のありようを考えることはできない。

第三章　消費社会の光と影

第一節　「欲望」が消費を膨らませる

現代の資本主義は、人々の欲望と深く関わっている。実際のところ、現代の消費社会は欲望が不断に膨張し消費が拡大することで成り立っている。欲望と消費の意外かつ微妙な関係とは――。

欲望と資本主義

「欲望が資本主義を救った」という経済学者がいる。人々の欲望が膨張することで消費需要が大きくなり、多くの先進国で深刻な大不況に陥ることなく、資本主義はそれなりに機能してきたという意味である。

経済は、需要と供給で成り立っている。しかし、資本主義経済が成熟してくると、供給が需要を上回るようになる。この需要と供給のバランスが崩れると、経済は混乱する。資本主義はもともと供給過剰体質を持つ。資本主義経済がしばしば深刻な不況に陥ったのも、そのせいである。

そこで考え出されたのが、国の政策として需要を創出することである。いわゆる、ケインズ政策である。公共事業などで国が財政を膨らませて需要をつくり出すことで、需給バランスを調節して不況を克服してきた。しかし、財政による需要拡大策には限界がある。

それを補ったのが、人々の欲望拡大による消費需要の増大といえる。人々の欲望には限度がない。消費が不断に膨らんだことで、資本主義経済がうまく機能するようになった。つまり、資本主義のダイナミズムは、欲望の拡大によってもたらされた。

満足度の公式とは

$$\frac{\text{モノ・サービスの消費}}{\text{欲　望}}=\text{満足度}$$

私たちはいま、モノが溢れる豊かな社会で生活している。自分の欲しい商品に出会うと、心がときめき、なんとかして手に入れようとする。そして、自分のものになると満足する。欲求不満がつのる現代社会では、モノの購入や所有は精神安定剤の代用となる。しかし、お金がないと膨らんだ欲望を抑えなくてはならず、かえって欲求不満に陥る。

それに欲しいものを手に入れても、別の欲望がかきたてられて、また新たなものが欲しくなる。このような欲望の膨張と消費の繰返しのなかで、いまの消費社会はなかなか満足感が得られない仕組みになっている。モノを消費することで人々の欲望は満たされるどころか、なんとなく落ち着かずなかなか満足感が得られないのはなぜだろうか。それを解明するのが、上の公式である。

つまり、モノが溢れる消費社会で満足感を増大させるには、分子であるモノなどの消費を大きくすることだが、同時に分母の欲望も大きくなると満足度はそれほど大きくならない。欲望の膨張を抑制して小さくすればいいのだが、それができないのが現代の消費社会の特質なのである。

欲望造出装置としての「情報」

どうしてか。人々の欲望をかきたてる装置が、社会にがっちりと組み込まれているからである。それが、広告や宣伝、マスコミ情報などのメディア（媒体）である。

生産者は商品を買ってもらおうと、テレビ、新聞、雑誌などの広告と宣伝に血道を上げて、消費者の欲望を刺激してモノを買わせようとする。さらに、次々に新製品を開発して新たな広告と宣伝によって、消費者の購入意欲を高める。これの繰り返しで、人々の欲望は絶えず増殖していく。

消費者は、はっきりした欲望を持っているわけではない。ちょっとした好奇心といったものにすぎない。それに、日本のように同質性の高い社会では、人々は意識するとしないとにかかわらず、人との比較によって自分の位置を確かめている。「人との比較」によって、ほんのわずかな差異を見つけようとする。

この「差異化」を求める欲望を、欲望創出装置としての広告が巧みに刺激する。いまの広告やテレビなどのＣＭの大半は、商品の性質や品質を訴えるのでない。広告代理店やさまざまなプロダクションが考えるのは、ただ流れていく情報洪水の中で、いかに視聴者の注意を向けるか、いかに好奇心を刺激するかであって、商品についてのメッセージではない。需要をつくり出すものは、商品のイメージである。

現代では、人々はメディアからあるメッセージを受け取るというよりも、メディア・情報そのものを消費している。情報を消費し、いつのまにかモノに対する欲望を植えつけられている。

こうして、情報化が進展する資本主義は、人々の「欲望」と連動し共鳴する。それが、資本主義のダイナミズムを生み出すのである。

欲望の制約条件

問題は、こうした消費資本主義が環境と資源の両面で制約を受けていることである。「地球環境を守る」という視点からは、資源浪費型、環境破壊につながる商品の消費はできるだけ控えねばならない。そうしたうえで、自分の人生やライフスタイルに必要な消費には出費を惜しまないという姿勢が求められよう。

現代人の生活は、生きる楽しみや遊びを含めて消費との関係が深すぎる。それを断ち切ることは不可能だが、私たちの意識やライフスタイルをいくらかは変えることができる。急転回は難しいとしてもゆっくりと時間をかければ、実現することができる。最大の問題は、経済が発展する過程で、私たちの欲望が消費に偏り過ぎたことである。

ヒントになるのが、米国の社会心理学者、マズローの「欲求発展五段階説」である。マズローは、経済と社会の発展に対応して人々の「欲求」も変化を遂げてきたという。

すなわち、初期の段階では、ともかく生きるために衣食住に対する欲求が強いが、第二段階として、自分や家族の安全を守る欲求に変る。そして、第三段階では、愛情を求めたり特定の集団に属したいという欲求に、第四段階として他人から評価されたいという欲求になる。そして、最終段階として「自己実現」の欲求に発展する。この「自己実現の欲求」とは、自分の能力を磨き、その能力を存分に発揮して社会に貢献したいという気持ちである。

マズローのいう「欲求」とここで指摘する「欲望」とは、概念として厳密には一致しないが、共通点は少なくない。そうだとすると、欲望の中身を「自己実現」に方向転換させていくことによって、モノの消費から切り離していくことができるのではないか。

実際のところ、こうした意識をもった人々は確実にふえつつある。社会全体にそうした雰囲気が広がれば、地球環境問題もいくらかは克服することができる。同時に、欲望造出装置としてのメディアの情報洪水に身をまかせるのではなく、自分なりの物差しで消費行動を決めるようにしたい。日ごろから自分の「欲望」がどのようなものかを、きちんとつかんでおくことが大切だ。

自分の判断に基づいて、自分の欲望とどう付き合うか。自分の欲望と折り合いをつけたうえで、消費行動に移る。そんなことで、人生の満足度が違ってくるのではないだろうか。

第二節　「サービス」が消費の決め手になる時代⁉

　ショッピングは本来、楽しいものである。消費者はお客である限り、いちおう「王様」として扱ってくれる。しかし、ときに王様どころか、まるで邪魔者のように扱われることがある。店員はつっけんどんで、口をきくと損をするといわんばかりである。なんとも憂鬱な気分になる。

　不況が長引き、景気の先行きに不安を持つ消費者は財布のヒモを緩めようとしない。そんな中で、サービスがいいか悪いかが買い物の決め手になりそうだ。

サービスへの関心が高まる

　バブル崩壊のあと、消費者はあの手この手で自衛手段を講じてきた。バブル期には、消費者は少しくらい価格が高くても購入するという消費行動をとった。それが様変りになった。バーゲン品などの激安商品に目の色を変えたその時期には、「価格破壊」がもてはやされた。しかし、安売りにもすぐに飽きた。

　これらの経験をとおして、こんどは価格と商品の持つ価値とのバランスを気にするようになった。消費者は自分の価値観を大切にし、自分の判断で商品を購入するようになった。この「バリュー・フォア・マネー」が、一九九〇年代半ばから二一世紀初めにかけての消費者意識の主流である。

最近ではこの傾向に、サービスに対する関心が加わってきた。この場合、サービスの概念は、たんに小売店の店員の応対というだけでなく、もっと幅広いものである。価格に対する感覚に加えて、買い物の「便利さ」や「楽しさ」、店の「快適さ」、店員の「親切さ」なども含まれる。

多くの消費者はサービスの悪い店には二度と行くものか、不親切な店はじり貧になればいい、などと思うものだ。そして、実際に不親切な店には行かなくなる。たばこやジュースは自動販売機ですますようになる。印象のよくない店員とはなるべく口をきかないですむように、セルフサービスの店を選んだりする。

もともと日本人には、サービスはタダという気持ちがある。しかし、時代は変りつつある。気持ちよくさせてくれるサービスには、カネを払ってもいいという感覚も芽生えつつある。

売り手とすれば、サービスが消費不況に生き残る決め手になるのではないか。「豊富な品揃え」と「バリュー・フォア・マネー」に、きちんとしたサービスが加味されていないと、企業間競争を勝ち抜くことが難しい。

顧客志向の経営をめざさないと

最近、商品を売る手法として、流通・サービス業界に「リレーションシップ（顧客との関係づくり)・マーケティング」「ワン・トゥ・ワン(一対一対応)・マーケティング」が広がりつつある。一人ひとりのニーズに対応したキメ細かいサービスによる固定客化の試みといえようか。いわゆる「顧客志向の経営」である。

もっとも、基本的に消費者は自分の意思で自由に買い物をしたいから、供給側のペースに乗せられるのを嫌う。心のこもったサービスでないかどうかを消費者は敏感に見抜く。供給側にとって大切なのは、「顧客の立場に立つ」という姿勢である。「収益は顧客奉仕の結果」という経営姿勢を貫くことで、はじめて集客力が高まる。

このような認識に立って、従来のサービスを改善する、いわゆるサービス革新を行わないと、消費者から見離される。その背景には、競争の激化がある。競争がサービスの質を高め、サービス革新が新たなビジネス・チャンスを創造する。これまで消費者の顔をまともに見ていなかった企業が、ここにきてようやく消費者と真正面から向かい合い、何を求めているかを真剣に考え始めた。

「ノーをいわない」ノードストローム

米国の大手百貨店、ノードストロームは、「絶対にノーといわない百貨店」という定評を確立して世界的に有名になった。徹底した顧客サービスには、多くの「物語」がある。「返品には必ず応じる」は、当たり前すぎる。従来のサービスを超えた話として、この店で取り扱っていない乗用車タイヤを返品に来た客にも応じたというのが有名だ。ノードストロームのサービスぶりを描いたストベッツイ・サンダース著『サービスが伝説になるとき』（ダイヤモンド社）に、こんな数字があった。

客の中で、不満を持っても苦情をいう人は四％にすぎない。あとの九六％は怒って二度と来ないだけである。企業が客を失う理由はさまざまだが、従業員の無関心な態度が三分の二を占めるという。サービスを高水準に保つには、応対時間の増加やスタッフの養成などにかなりのコストがかかる。しかし、それを惜しんではいけない。顧客を不愉快にさせたつけは大きい。著者のサンダースはいう。「ビジネス全体のコストのうち最大かつ最悪のコストは、顧客を失うことである」。

大量サービスを提供するディズニーランド

ディズニーランドはマクドナルドと並んで、大量サービス提供産業といわれる。一九八三年にオープンした東京ディズニーランドが流通業界など日本のサービス産業に与えた影響は小さくない。

ディズニーランドのサービスは、基本理念の徹底とマニュアルに沿ったサービスから成り立っている。

「親しさと礼儀正しさ」がサービスの基本で、従業員には「自分の家に親しい大事なお客様をお呼びしたとして、礼を失しないよう明るくもてなしをしなさい」と教えこむ。そのうえで、安全性を最優先に効率的に行動するよう、従業員教育を徹底する。

ディズニーランドのサービスの根幹は、従業員がやるべきことがキメ細かく書かれているマニュアル（手引書）である。ここで働く若者たちは、マニュアルどおりのサービスを楽しげにいきいきと演じている。

真のサービスとは

こうしたサービスマニュアルは、米国流サービスの基本である。人種、教育水準、言語を問わずに、一定水準以上のサービスを提供するにはもっとも手っ取り早い。

日本は米国に比べて同質の人が多く、教育水準もそれほどの差はない。それなのに、米国流サービスが受けるのは、粗雑に育った若者が多くなり旧来のような「心のこもったサービス」が期待できなくなっているからだろう。

考えてみると、マニュアルどおりのサービスなんて、心がこもらず本当のサービスではないかもしれない。サービスには、「自分だけが温かくしてもらった」とか「自分だけに笑顔が向けられた」といった要素がある。真のサービスというのは本来、「排他的」なものである。みんな同じというのは、真のサービスとはいえない。

しかし、客を客と思わない従業員が増えている日本のサービス業の現状からすると、マニュアルどおりでも、「まだまし」ということになる。ましてや、従業員教育が徹底しているディズニーランドのような大量サービス提供企業のサービスは、「ずっとまし」ということになる。

ノードストロームにしろ、ディズニーランドにしろ、米国流サービスが示したのは、①サービスにはコストがかかるが、これを惜しんではならない、②サービスの質を高めれば、顧客はついてくる、ということであろう。消費不況の真っ只中の日本でも、ようやくこうした認識が社会に広がりつつあるといえる。

ホスピタリティを求めて

サービスを超える概念として、最近になってホスピタリティという概念が脚光を浴びている。サービスには奉仕や貢献などの意味もあるが、自己の利益や対価を期待しての義務的・機能的行為というニュアンスもある。それに比べて、ホスピタリティには、人間的要素がより濃厚だという。より親切な応対、日本語でいう「もてなし」になろうか。

ここには、ゲストともてなす側との間に心の交流がある。それには、もてなす側に洗練された心づくしの技術が不可欠である。ホスピタリティ・マネジメントという言葉だけが一人歩きし、中身が伴わないおそれはたぶんにある。まさに、いうは易く行うは難し、である。

第三節　小売業が変る、社会が変る――多様化する流通形態

「新しい小売形態は、常に価格訴求で市場に参入し、消費者の支持を集めて成長していくが、次第に革新性を喪失して成熟段階を迎えると、そこに新たな小売形態が価格訴求を武器に車の輪のように回転しながら登場する」

米国の小売形態の発展パターンを理論化したマクネアという学者が提唱した「小売の輪」論の要旨だが、ダイナミックに多様化する日本の小売新業態にもあてはまる。

現実に、百貨店、スーパーマーケット、ショッピングセンターなどに続いて、ディスカウントストア、コンビニエンスストア、オフプライス店、アウトレットモール、パワーセンターなど、新しい業態がつぎつぎに登場してきた。これらの業態が新たに登場したときはほぼ例外なく、「低価格」の看板を掲げて、価格面で激しい競争を繰り広げている。

「流通外資」が小売業地図を塗り替える

二一世紀を直前に控えた二〇〇〇年一二月に、外資大手流通業が相次いで日本進出を果たした。世界第二の小売業、フランスのカルフールと米国最大のホールセールクラブのコストコがそろっ

て、東京都心部から約二〇キロメートルの千葉県の幕張地区に登場した。

カルフールは、ハイパーマーケットという小売業態である。郊外に立地して広い駐車場を持ち、売場面積をたっぷりとる。セルフサービス方式で経費を極力削減し、スーパーマーケットよりも低価格で販売する。合併によって企業規模を拡大し、フランスだけでなく欧州市場を席巻した。

コストコは米国最大のホールセールクラブで、会員制を採用して消費者に卸価格で商品を販売する形態をとる。一九八〇年代後半から九〇年代初めにかけて、店舗展開を急速に進めた。建築と維持コストを抑えた倉庫型の店舗をつくり、大量販売と簡易包装などによって低価格を実現させた。

二〇〇二年三月には、日本の流通業界を揺さぶるビッグニュースが飛び込んできた。世界最大の小売業、米ウォルマート・ストアーズの進出である。ウォルマートは「EVERYDAY LOW PRICE（毎日が低価格）」を経営方針に掲げて、チェーン店を展開してきた。世界の一〇ヵ国に約四四〇〇店舗を持ち、年間売上額は日本円で約二八兆円、従業員は約一三〇万人。世界最大の民間企業である。

そのウォルマートは、国内スーパー四位の西友を買収するという形で日本上陸を果たす。これにより、日本国内の流通業界はイトーヨーカ堂、イオン（旧ジャスコ）を軸に再編が加速される可能性が高い。

日本の流通業界が流通外資にこれほど脅えるのは、彼らは独自の「ビジネスモデル」を持っており、資本力と経営力を合わせた総合力では大きな差があるからだ。売上高でみると、日本の大手スーパーも世界的には「中堅チェーン」にすぎない。

世界的な大手外資の多くはすでに、世界各国で店舗網を拡大し実績を積んでいる。とくに、アジアでは欧米巨大資本が次々に参入し、激しい競争を展開してきた。ここでは、国内資本と外資という図式ではなく、米国勢と欧州勢、欧州勢同士という外資の対抗関係が競争の軸になっている。そうした競争が、日本国内に持ち込まれたのである。

地価下落で進出が容易に

外資系小売業の日本進出は日本の経済発展とともに増えてきたが、その数はそれほど多くなかった。大規模小売店舗法（大店法）という出店規制と不動産価格の高騰が、外資進出を阻むカベの役割を果たした。

大店法は、市街地の中小小売業を大規模店から保護するための法律である。それが、一九八〇年代後半に米国が日本の非課税障壁のシンボルとして日米構造協議で痛烈に非難され、九〇年代初めには規制緩和に踏み切らざるを得なくなった。

外資の日本進出を後押ししたもうひとつの要因は、バブル崩壊で地価下落である。九〇年代に入って、トイザらスを皮切りにカジュアル衣料のエディバウアー、ＧＡＰ、さらにはスターバックスなどが次々に上陸した。一等地といわれる東京の銀座や青山などに、ルイ・ヴィトン、エルメスといった海外の〝スーパーブランド〟直営店が進出してきたのも、地価低落で採算がとれると踏んだからである。

大手流通外資の強みは、低価格と高品質を両立させるシステムをつくりあげていることである。それを可能にしたのは、資金力と経営力に裏打ちされた「バイイングパワー（商品の購買力）」である。これを武器に、メーカーと直接取引きを迫る。

有力外資は、さまざまな経営ノウハウと新しい情報技術を駆使しながら競争力をつけてきた。日本では途中に多段階の卸業者を介在させるのに対して、卸業者を入れない「中抜き」によって高い利益率を確保する。世界に広げた商品調達のネットワークを活用して商品を仕入れるので、競争がグローバル化すればするほどその威力を発揮する。消費者には徹底した市場調査をおこない、そのニーズに応える。商品開発、仕入れ、価格政策など、いずれも日本の小売業より一日の長がある。

日本の流通業界の値下げ競争は、いまや体力勝負の様相を呈している。くたくたになったほうが負ける。そんな状況のところに、体力に余裕がある巨大外資が加わる。日本の流通業界地図は、急速に塗り替えられていくだろう。

「メガＳＣ」時代がやってくる

平成不況が長引くなかで、目立つのは新しいタイプの「メガ・ショッピングセンター（ＳＣ）」

と呼ばれる大型商業施設である。ゲームセンター、映画館、スポーツ施設などの娯楽施設を付設してテーマパークの装いをこらし、集客力を高めようとしている。

ショッピングセンターのイメージは、人によって違う。駅前の小さなスーパーマーケットのなかにも、ショッピングセンターを名乗るものがあったりする。しかし、新しいタイプのショッピングセンターは、店舗面積で三万平方メートル以上あり娯楽施設を付設して広域から集客する、「メガSC」である。

その代表例が、福岡市の「キャナルシティ博多」や東京・新宿の「タカシマヤタイムズスクエア」である。メガSCには、いくつかの特徴がある。

第一に、いうまでもなく施設が巨大だ。若者や女性客を意識してか、清潔で見てくれのよい建物が多い。一日や二日では回りきれず、買い物客の滞留時間が長くなる。

多くの客は、買い物のついでに遊ぶ。遊びが主目的で買い物はそのついで、という人もいる。「買う」だけでなく、「食べる」「遊ぶ」「見る」「憩う」などにかかわる多くの商売とサービスの網羅・複合機能を有する。これが第二の特徴である。

第三は、有力な店舗が複数で核店舗になっている点だ。「キャナルシティ博多」は「ダイエー」のほか「ジョイポリス」や「無印良品」が、「タカシマヤ」では、高島屋のほかに「紀伊国屋書店」と「東急ハンズ」が核店舗になっている。

こうした特徴は、テーマパーク型といえようか。ディズニーランドで楽しい時間を過ごすように、人々はレジャーとしての消費を楽しむ。従来が、買い物中心の「モノ消費型」だったのに比べ、メガSCは「時間消費型」である。

コンビニは「小さな巨人」

平成不況が長引き、デパートや大量販売を目的にした大手スーパーはひところの勢いを失ったのにかわって、「便利さ」を売り物にしたコンビニエンスストアの奮闘が目立つ。セブンイレブンの二〇〇一年二月期の売上高は、最大手のダイエーを追い抜いて小売業トップになった。

街角で深夜も営業を続けるコンビニは、若者や独身者にとっては心強い存在だ。日用品の買い物だけでなく、ガス料金や電気料金などの公共料金の払い込みもここで済ます。

不振にあえぐ流通業界の中でコンビニだけが光輝いているかのようだが、ここには消費者に最も近い業態が業界を制する過程がみてとれる。

コンビニにはPOS（販売時点情報管理システム）という武器がある。買い物をするたびに、顧客に関する情報が時々刻々、本部に伝えられるシステムである。それによって、コンビニ本部は効率的なマーケティングを仕掛ける。POSはどんな商品に焦点を絞り販促をかけるべきか、品揃えの深さと幅はどのくらいに設定すべきなのか、を決定する際に威力を発揮できる。

さびれる商店街

新たな小売業態の登場は、旧業態に属する商店街の存在を大きく揺さぶっている。たいていの都市には駅前に商店街があるが、人通りがめっきり減りまるで櫛の歯が欠けたかのように空き店舗がぽつぽつとある。

商店街とは対照的に、郊外の幹線道路沿いの「ロードサードショップ」は元気だ。紳士服、靴、ホームセンターのほか、大型の書店やレコード店、それにパチンコ店もある。

これらの店は、品揃えが豊富で価格も安い。広々とした駐車場が付設されており、客は車を乗り付けてまとめ買いをする。たんに買い物をするだけという機能に限れば、個人商店の集合体である商店街では勝負にならない。ただし、これらの店は人情味というか、なにか暖かみや潤いに欠ける。

商店街は個人経営の小売店主体だが、小売店に占める個人経営の商店数の割合がどんどん低下している。一九四六年には九割もあったのが、三〇年後の九四年には六割強にまで減っている。販売額に占めるシェアも、四〇%以上もあったものがいまや一〇%台に過ぎない。

商店街の機能とは

商店街の衰退は、街のにぎわいを創出し核となってきた機能が失われることを意味する。それは、地方都市全体の活力が損なわれる深刻な問題でもある。

消費者が小売業に期待する機能は、「楽しい買い物の場」「商品情報の提供」「アフターサービス」「地域活性化、街づくり」「地域の交流の場」などだ。このうち、商店街に求められるのは、「地域活性化」や「交流の場」であろう。商店街はたんに商品販売の施設ではない。「商店街はそもそも地域住人との共感を育む重要な場」(石井淳蔵・神戸大教授)である。

小売業は店舗において、消費者と直接に接するという特性を有する。売り手と買い手という形でしかつき合えないというのでは寂しすぎる。商店街の先行きは明るくないが、地域の人々の支持があるかぎり生き残りの道はある。それには、たんに買い物だけでなく時間を消費するような機能を持つようにし便利さや親しみやすさを大事にし、高齢者、身体障害者などにとっても魅力のあるようにすべきだろう。共感を育む「場」としての街を新しい形で取り戻すことによってしか、商店街の再生はありえない。

第四節　「勝ち組」パワーが小売業界を変える

消費不況が長引き青色吐息の小売業界だが、そのなかで売上げを伸ばしている一群の企業がある。一九九〇年代の不況のさなかに、独自の経営戦略で消費者の心をしっかりととらえてきた専門チェーンである。その秘密をさぐってみると、二一世紀の小売業のあるべき姿と消費者の意識や行動の変化が見えてくる。

専門店の一人勝ち

大手百貨店、総合スーパーが消費不振から脱却できずに苦戦しているのに、一握りの専門チェーンの急成長が目立つ。コジマ、ヨドバシカメラ、ヤマダ電機などの家電量販店が引き続き好調を維持、これに迫る勢いで目立ってランキングを伸ばした企業群がある。ユニクロ、しまむら、無印良品、ダイソー、ドン・キホーテ、マツモトキヨシ、カインズ……などである。

同じ専門店チェーンの家電量販店がもっぱらバブル経済期の八〇年代に急成長してきたのに対して、創業時期はともかく、いずれも九〇年代に入ってから急速に伸びてきた企業である。最近では、小売業界の「勝ち組」と持ち上げられている。

これらの企業は、それぞれに業態が違う。ユニクロは格安のカジュアル衣料が専門で、しまむらは婦人向けや子ども向けの実用衣料を取り扱う。無印良品は衣料だけでなく文具、雑貨、家庭用品まで取り扱う。ダイソーは「一〇〇円ショップ」で有名だし、マツモトキヨシはドラッグストア、ドン・キホーテは「激安の殿堂」と称する日用雑貨の何でも屋、カインズはホームセンターである。どうして、これらの企業が消費不況のなかで勢力を拡大できたのだろうか。

低価格だが安物でない

注目度ナンバーワンが、「高品質の衣料を市場の最低価格で提供する」という経営戦略で拡大してきたユニクロである。商品企画から製造、販売まで一貫して受け持つ製造小売業で、途中に卸問屋を入れないため、利益率は同業他社より抜きん出て高い。商品は主に中国の工場で生産される。九八年冬に日本のファッションの発信地である原宿に出店して以来、若者の心をとらえた。いまや日本を代表するブランドで、米国で生まれ急成長したGAPと比較されるまでになった。

無印良品の歴史は意外に古く、創立して二〇年を超える。ブランド全盛のこの時代、無印であること、つまりノーブランドを逆手にとって売上げを伸ばしてきた。素材の良さをいかした商品づくりがモットーで、シンプルなライフスタイルというイメージで人気を呼んだ。こうなると、無印商品もある種の「ブランド」といえる。

ダイソーは、「何でも一〇〇円」というコンセプトを徹底して追求してきた。台所用品、洗剤、化粧品、文具、玩具など何でもある。

ドン・キホーテは、深夜営業とごちゃごちゃした店内で若者たちの人気を集めた。商品が天井までうずたかく積まれ、「熱帯雨林」にまぎれ込んだ感じだ。ここでは、たえず配置や陳列を変えるので、商品を「在庫」といわずに「動庫」という。また、「売り場」といわずに「買い場」というのは、消費者の立場に立ってのことだ。

マツモトキヨシは、積極的にテレビコマーシャルを打ち、若い女性層の心をつかんだ。店内の照明を明るくし、薬よりも化粧品や日用雑貨を店頭の目立つ場所に陳列する。もともとは薬局チェーンであるのに、売上げに占める薬の割合は、三分の一程度という。学校帰りの女子高生は「マツキヨに寄る」などと話している。

得意分野に特化

これらの企業は、大手スーパーや百貨店がバブル崩壊の後始末に追われている期間、地方からチャンスをうかがっていた。このあと地価や建設費の下落を背景に、大都市圏に焦点を合わせて満を持して進出してきた。そして、こんどは都市圏での成功をバックに全国展開に打って出た。

彼らは、大手総合店の失敗例を熟知している。総合店はいろいろな商品がいっぱいあるが、消費者が本当に買いたいものがないことに気がついている。だから、得意分野に絞って、「デイープ・アンド・ナロー（深く狭く）」な事業展開をしてきた。いまはやりの言葉でいえば、「コア・コンピタンス」。事業の中核体を特定分野に選び、そこに経営資源であるヒト、モノ、カネ、情報を集中した。これが、これらの企業に共通する第一の要素である。

第二は、低価格戦略を軸に経営を展開していることだ。コア・コンピタンスを確立することでコストを削減し、低価格でも利益が出る生産体制、在庫管理、物流システムをつくりあげた。

専門店というと、高級なイメージがある。しかし、消費不況のなかで、宝飾品、呉服、紳士服などは低迷を続けている。それに対して、快走を続ける店の商品は、低価格であるがけっして安物ではない。消費者の信頼をかちとるだけの品質を保持している。

第三は、商品の流通にスピード感のあることだ。多くの店では、一週間か一〇日の間で品揃えや陳列を頻繁に変える。人気商品を品切れさせないように、絶えず供給体制を整備している。いつも同じ商品を並べている店と違って、これらの専門店チェーンは情報性や話題性に富む。そんな魅力を更新し続けることによって、消費者がいつ行っても、それなりに新鮮な感じを抱かせる。

楽しいからまた行く――「経験経済」の時代

これらの専門店には、一定のイメージがある。消費者は店の名前を開いただけで、雰囲気や商品などを夢想する。他の店と比較して圧倒的な存在感と信頼感を与えられるので、消費者はショッピングすることに満足感を抱く。

要するに、面白いからその店のファンになる。わくわくした気分になるので、つい買ってしまう。買わなくてもいろいろな商品を見ているだけで、新しい情報を仕入れたような気分になるから、人にしゃべりたくなる。休日だけでなく会社帰りや下校のときにも、立ち寄ってしまう。多くの消費者にとって、それはそれで、日常生活のなかでのちょっとした体験なのである。

『経験経済』（流通科学大学出版）という本で、著者の米国のビジネスコンサルタントは、現在の消費社会で顧客が本当に求めるもの、評価するもの、価値を置くものは、「経験」（エクスピリエンス）という価値だと指摘している。たんなる商品機能の提供や利便的なサービスでもなく、その上位概念として「経験」を組み込むことで顧客をひきつけることが企業家に求められる時代になったという。ここでは「過去の経験、休験」ではなく、「いま、ここで感じる身体的、精神的あるいは美的な快楽、感動」を指す。

一連の企業群でのショッピングも、それに似ている。商品を無秩序に並べているドン・キホーテでは、そこでジャングルを探検してもらうように品物を探してもらう。買い物というより発見の楽しさを味わってもらおうという仕組みである。ユニクロやマツモトキヨシでの買い物も、つまるところ、「ユニクロで気に入ったカジュアル衣料を安く買ったという経験」だったり、「マツキヨで手ごろな化粧品を見つけたという経験」だったりである。経験や体験などというと大げさかもしれないが、こんなことが決まりきった日常生活のちょっとした楽しみになる。

流通革新の担い手に

小売業のフロントランナーに躍り出たこれらの企業群は、流通業界の姿を確実に変えつつある。現実に、これらの「勝ち組」専門店に追随する動きも出始めた。「一〇〇円ショップ」も次々に誕生し、競合相手が現れ活気が出てきた。「ワンプライス商法」はいまや、居酒屋、レストラン、衣料、食料品の分野にも広がりつつある。

名門百貨店そごうの経営破綻に見られるように、百貨店にしろスーパーにしろ、品揃えだけを誇る「総合店」の収益はますます低下している。いずれ第一、第二のそごうが出るだろう。価格が高いだけで品質が伴わない商品を売る高級専門店の客足も遠のきつつある。売り方に創意工夫のない古い商店街の店も淘汰されるだろう。

こうした事態は、当の流通業界にとってなんとも非情である。しかし、これが日本の歪んだ流通構造を是正する過程なら、消費者としてはむしろこれから「勝ち組」企業の変革パワーに期待を寄せたい。

第五節　「信頼社会」の屋台骨が揺らぐ

一九九〇年代後半から日本の経済社会に、相互の信頼関係が揺らぐという形の「異変」が起きている。そのせいなのだろうか、私たちの住む日本列島はなんとも形容しがたい憂鬱な雰囲気に包まれている。日本の経済社会はいま、不信が不信を呼ぶという悪循環に陥りつつあるのではないか。

「信頼の環」が細くなる

日本人は民族的に同質性が高い。他の先進国に比べて、所得格差が小さく平等意識が強く、価値観にそれほどの差がない。このため、多民族国家ではなかなか築きにくい信頼社会が比較的容易に形成されてきた。

日本経済がここまで発展した根底には、高度な信頼社会があったからでもある。信頼社会では、情報の共有度が高く、暗黙の了解のもとで取引関係が成立する。昔からの付き合いを大切にして、ぎすぎすした人間関係を嫌う。いちいちきちんとした形で契約を結ばなくても、一度信頼関係ができると、長期的な取引関係が継続する。

これは、ある意味では非常に大切な「社会資本」である。経済活動が円滑に進むには、信頼関係の形成が前提となるからだ。日本ではいま、長年にわたって形成されてきた「高度信頼社会」の屋台骨が、ぐらぐら揺れている。

お互いに疑心暗鬼

「信頼の環」の崩壊は、次のような局面で生じている。第一は、企業の間である。これまでなら、取引関係にある企業の間で六ヵ月とか三ヵ月の約束手形で決済していたのが、現金決済でないと取引に応じないケースが増えている。ましてや、経営が苦しいという評判が広がると大変だ。取引先が警戒感を強めて、従来の関係を断ち切ろうとする。

第二は、企業と金融機関との間である。多くの銀行は不良債権の処理が進まず、新規の貸し出しを抑えている。既に貸し付けている資金ですら、口実を設けて引き上げようとする。いわゆる貸し渋り現象の横行である。

第三は、金融機関同士の間である。金融機関のなかには、預金がたくさんあっても貸し出し先の少ないところもある。反対に貸し出し先は多いが資金不足の銀行もある。そこで、短期資金をお互いに融通しあう。ところが、金融情勢が悪化してお互いを信用しなくなり、銀行間の資金融通が正常に機能しなくなった。資金のやり繰りができなくなれば、金融機関の経営悪化に拍車がかかる。

第四は、国際金融市場での日本経済に対する信頼低下である。げんに、国際的に定評のある格付け会社が日本の金融機関の信用度を低く判定するため、上乗せの金利「ジャパンプレミアム」を払わないと資金調達できない状況だ。

この格付け会社はさきごろ、日本が発行する国債の格付けを従来から一段下にランク付けした。日本は世界第二の経済大国でありながら、責任を果たさず不良債権処理に手間取り「日本発の経済危機」が懸念されるというのである。

タンス預金が増える

これまでの不況局面でも、これに似た様相を見せたことがないわけではない。しかし、好況になると間もなく信頼関係は回復した。今回は違う。気掛かりなのは、社会全体に広がりをみせていることである。

身近な例では、サラリーマンたちの飲み屋でのツケがきかなくなっている。これまでは、ちょっと名が知れた会社なら、名刺を差し出せば高級な店でもボーナス払いにしてくれたものだ。社会のいろんな側面で、せちがらくなっている。

企業との関係では、労使協調路線に亀裂が生じ、労使間でも信頼の崩壊が深刻な問題になっている。年功賃金、終身雇用の制度などが崩れ、企業経営者はリストラや年俸制という名目で賃下げを実施している。多くの従業員は会社だけでなく、会社と安易に妥協する労働組合にも不信感を持っている。

消費者の金融機関に対する不信感も、中途半端なものではない。金融機関の経営悪化が伝えられると、自分の預金を引き出そうとする預金者が増えた。一〇〇〇万円までの預金は二〇〇二年三月までは預金保険機構が保証していたが、預金を引き出す動きに歯止めがかからなかった。

「信頼の環」が細くなってきたことは、具体的には「タンス預金」の増加という形で現れている。タンス預金とは、タンスにそのましまい込むカネではなく、銀行に預けないで手元に置くカネ、要するに現金のことだ。本来、企業に供給されるべき資金がタンス預金として眠ることで、経済活動に支障をきたす。リスクを恐れない資金、リスクマネーが供給されないことには、経済の活性化が期待できない。

「なあなあ資本主義」の終焉

信用や信頼はふだんなら意識もされない、水や空気のような存在である。しかし、お互いの信頼度が希薄になると、空気や水と同じように経済活動に支障をきたす。

大変な事態といえるが、すべてが悪いことばかりでもない。信頼といえば、聞こえがいいが、日本の経済社会には、その実、きわめて前時代的な取引慣行や人間関係が集積したものも少なくはなかったからである。資本主義の先進国である欧米に比べると、日本の経済社会には限られた人たちの間でしか通用しない了解事項や特定の分野でのみ通じ合う商慣習が多すぎる。

日本の資本主義は形だけのもので、それぞれの経済主体がもたれ合うという構造を持っていた。相互に癒着し合うことで経済活動を進めるという意味で、「なあなあ資本主義」の国でもある。

そう考えると、信頼関係のなかでグローバルに通用しないものは、この際、清算すべきかもしれない。協調的な労使関係やヒューマンな立場で形成された生産ネットワークなどは、合理性を有する限りできるだけ残すべきだろう。利点を生かしつつ、時代に適合するように、進化させていくことが大切である。

不安心理の払拭を

このように、経済社会のさまざまな側面で信頼関係にひびが入ってくると、最悪の場合、何もかも信用できなくなる。そこまでいくことはないだろうが、いまのままでは不安心理が社会全体に蔓延する恐れがある。げんに、私たちはなんとも落ち着かない気分にさせられている。

いま、多くの国民は、日本経済が未曾有の事態になりつつあることを肌身に感じている。その前提として、信頼関係の崩壊をもたらした不安心理を払拭しなければならない。そのためには、政府は構造改革の実施とともに、早急に経済再生の道筋を示さねばならない。現実的でしっかりした展望を明らかにすることで、不安心理がやわらぎ、お互いの信頼関係が取り戻せる。

第六節　「停滞の時代」に消費者はどう立ち向かうか

これまでの日本の消費者は不況の影響を受けることはあったが、概して一過性だった。しばらく我慢すれば、元の生活水準に戻りその後は拡大することができた。いまや、それが立ち行かなくなったことが、多くの消費者の目に明らかになった。そうだとすると、消費行動を変えないと、満足度は得られない。

「停滞」の始まり

長期不況の出口が見出せないまま、二一世紀が二年目に入った。政府はデフレ対策を打ち出して不況にピリオドを打とうとしている。構造改革を含む経済政策が功を奏したとしても、かつてのように経済が再び右肩上がりになることはあり得ない。不況が閉幕したとしても、それは停滞の始まりを意味する。

これまでは、右肩上がりの成長が常識だった。私たちの消費生活は、拡大することを前提に成り立っていた。経済の上昇と同様に、生活を全面的に拡大し、それが満足につながった。

経済が停滞する低成長の下では、「経済のパイはほぼ一定」で、それほど減りはしないが増えもしない。そうなると、もはや、生活をすべての面で拡大させていくことが不可能である。消費者としても、意識変革し消費行動を変えざるをえなくなったのである。

もっとも、停滞の時代とはいえ、パイは膨らまないがそこその大きさはある。それほど、悲観することもないようだ。賢明な消費者は、とっとと消費行動を変えつつある。

「平坦社会の満足」とは

経済のパイが膨らまない社会のことを、博報堂生活総合研究所のレポートが「平坦社会」と命名している。生活を拡大できないとすれば、消費者の選択は二つになる。ひとつは、なにもせずに、現状維持して我慢するという消極的なもの。もうひとつは、消費者の創意工夫で新たな満足を獲得する方法である。

前者のやり方では、人々は満足感を抱けない。たとえ、今の生活が保てたとしても、意識のうえで暮らしが徐々に縮んでしまうのは、我慢できない。そこで、人々は、「凹の決断」をすることで、「凸の満足」を得ようと試みるという。すなわち、「削るものは大胆に削る。そのうえで、自分が選択した領域については、どんと拡大する」ことで、新しい満足が得られる。最近の「消費の二極化」は、こうした消費者心理の表れである。

凸化による生活変化で、「新しい満足」が生まれ、「新しい格差」が生じ、「生活の情報発言力」が高まり、「新しい常識」が生まれ、「新しい対流」が生じるというわけだ。しかし、なにを、どの程度、「凹する」のかは、なかなか難しい。ちょこちょこ削っていては、新たな満足は得られない。ともかく、思い切って「主」たるものを削る必要がある。それには、これまでの「常識」や「常態」を無視し、自分なりの価値観で生活する気構えが求められる。

凸するにしても、凹するにしても、自分の価値観でこれまでの生活を自発的にアンバランスにしなくてはならない。そうすることで、やっと満足度は高まる。自己選択による突出感は、生活を「快適アンバランス」の心地よい緊張感で包む。要するに、自分らしさは、他人を意識しなくなったときに生まれる。

「自分」にこだわる

このような、いい意味での「自分本位主義」は徐々に広がりつつあるようだ。停滞の中で、消費者は頼れるものは自分しかないことに気付いた。それでも、生活を楽しみたいという意欲は強く、興味のある分野にはお金を使う傾向が一段と明確になってきた。

消費者の「人は人、自分は自分」という生活態度は、従来の「横並び意識」からの脱却を意味する。いまの消費者は、商品の選択に時間をかけ掘り出し物を探す苦労を厭わない。そのくせ、気に入ったものは価格が少しくらい高くても買うし、ブランド品でも自分に合わないと見向きもしない。いわゆる、消費の「一人内二極化」現象である。

バブル崩壊後は、サラリーマンを中心に家庭を省みる「家庭回帰」の傾向がみられたが、その後は自分自身の健康や趣味、さらには自分の技能、知識向上などの分野で「自己投資」を積極的に進める方向に変ってきた。

パソコンや家庭用ファックス、携帯電話など個人が使用する情報機器が売れ筋商品になっている。余暇やレジャー関連の消費意欲も旺盛だ。停滞の時代、人生の頼りは自分の体と健康である。ジムに通い、健康食品を食べる。資格取得やパソコン、語学と「自分磨き」に真剣だ。

こうした消費の変化は、消費関連の企業を戸惑わせる。消費者の出方を見極めて先行きを予測して対応しないと、企業間競争で遅れをとる。ときに、消費者に振り回されるだろう。生産者優位社会から消費者優位社会への転換を促すことにもつながる。

停滞の時代は、「消費社会」の成熟化を促し「成熟消費社会」に向けての歩みを加速させるだろう。

第四章　消費者はどこに向かうか――二一世紀の消費者像をさぐる

第一節　消費実態を映す統計がない⁉

景気はそろそろ上向いてきた——。そんな見通しをなんど聞かされたことか。しかし、現実になかなか上昇気流に乗らなかった。こんなに景気の見通しが狂うのは、そもそも予測の前提となる各種の経済統計に欠陥があるのではないか。なかでも、GDP（国内総生産）の過半を占める個人消費に関わる統計は消費者意識やライフスタイルの変化をきちんと反映していないのではないか。

「個人消費」は図体が大きい

不況が長引く中、景気回復のカギは消費が握っている。個人消費はGDPの六〇％を占める。同じ景気の牽引力である設備投資の四倍の重みがある。

個人消費は、図体が大きすぎるだけではない。個人消費は個人の消費の集合という事柄の性格上、その実態を把握するのは難しい。個々の統計は個人消費という巨象のほんの一部分にすぎず、それに頼りすぎると「木を見て森を見ず」になりかねない。

消費指標の主なものは、「家計調査」を筆頭に、さまざまな商品を取り扱っている「百貨店販売額」、百貨店にスーパーの売上高を加えた「大型小売店販売統計」、耐久消費財の代表格の自動車に関する「乗用車新車登録台数」、それに「家電販売額」などである。家計調査がサイフのお金の出し入れ、つまり支出側から家計消費の動きをとらえようとしているのに対して、大型小売店販売統計や新車登録台数は売り手の側から消費の動きを調査する。

これらに経済企画庁の「消費動向調査」や通産省が三年に一度実施する「商業統計調査」、さらに人口推計、労働力調査、農業経営動向、社会保険診療報酬支払い基金統計などを加えて個人消費の全体像を推計する。

消費統計の王様、家計調査

消費統計の主体が家計調査だが、これが実態を反映しているとは言い難いのが実情なのである。日本の家計調査は、世界に類例がない詳細な消費の基本データの集積といわれる。対象になるのは、くじ引きのような方法で選びだされた全国の約八〇〇〇世帯。都道府県から任命された約七〇〇人の調査員が特製の家計簿、電卓、計量秤を対象家庭に配って、サラリーマン世帯では収入と支出、自営業など一般世帯では支出を記入してもらっている。

家計支出の調査から直接、消費動向をつかむ統計は日本独特のもので、国際的な評価が高い。欧米では家計簿の中身を丸ごとさらけ出すことに心理的に抵抗が強く、小売りサイドから推計する方法しかないらしい。

その家計調査に、なにかと限界がある。まず、サンプル数が八〇〇〇と非常に少ない。結婚している世帯に限られ、独身者は入っていない。対象は家計簿を付けている世帯と決まっている。いまや、家計簿を真面目に記入する家計はそう多くないだろう。

非婚化や晩婚化が進んで、男女ともシングルが増え、いまや、全国の三分の一が単身者世帯である。国民経済に占める割合が大きい彼らの消費行動を無視した家計調査は、消費実態を正確に反映しているとは言い難い。

誤差が大きすぎる

経済企画庁(現、総務庁)が二〇〇〇年五月に家計調査について独自の試算をしたところ、「家計調査の前年同月比にはプラスマイナス四・四%もの誤差がある」ことがわかった。

この誤差幅は大きすぎる。上限と下限とで、景気の見通しは大きく変る。それほど大雑把な指標ということになるが、これに代わる有力な消費統計はない。

誤差が生じる理由は、大きく分けて三つある。第一は、調査サンプルが少ないことだ。ほかの調査、たとえば設備投資の推計に用いられる法人企業の回答数約二万に比べると見劣りする。

第二は、偏りがあることだ。家計調査の調査表は家計簿方式だが、肉や魚が何グラムかまでを測って毎日記入する。そうなると、調査表を記入する余裕のない共稼ぎ世帯の回答率が低くなる。調査の協力を取り付けやすい公務員の比率が高いのも、実態を映さない要因である。

第三は、調査世帯が半年ごとにすべて入れ替わることだ。一世帯の調査期間は六ヵ月間で、毎月、八〇〇〇世帯の六分の一ずつを入れ替えているが、新規に協力を取り付けるのがひと苦労だという。これだと、消費の流れが正確につかめなくなる。

とりあえずはサンプル数を増やすことが改善の方向になる。調査に協力してもらうには、調査項目をもっと簡略化しないといけない。もっとも、サンプル数の増加がそのまま統計の信頼度を高めることには結びつかないが、やってみる価値はあるだろう。

小売り関連統計はどうか

「百貨店販売額」や「大型小売店販売統計」にも問題がある。ひところは消費者が百貨店でする買い物は、消費全体の一〇%程度といわれた。しかし、最近は百貨店利用者がかなり減っている。コンビニエンスストア、衣料・家具などの専門店、ホームセンター、一〇〇円ショップ、通信販売など買い物のパターンが多様化している。そうなると、この二つの統計から、消費全体を推計するのは難しい。

この統計には利用価値がないかといえば、そうはいえない。速報性という点で優れている。つまり、家計調査が二ヵ月遅れで発表されるのに対して、こちらは一ヵ月遅れである。だから、経企庁の景気動向指数の一致系列として採用されている。

それに、景気の方向性を示している点もある。消費者はやや高額の衣料や贈答品は百貨店を利用するし、企業が中元や歳暮の贈答品を百貨店で購入する。つまり、百貨店の販売額は景気の動きにわりと敏感な統計といえる。

消費パターンが変ってきたのに

消費というマンモスの姿を見えにくくしているのは、消費のパターンが大きく変ってきたからでもある。バブル期とそれが崩壊したポスト・バブル期を通じて、消費者の意識や行動は大きく変った。それは、「成熟型消費」というべきものである。

消費者はひところに比べると、自分の判断でモノやサービスを選ぶ「賢い消費者」になりつつある。彼らはメーカーや小売業の広告や宣伝に踊らされず、人々は、商品やサービスのもつ「価値」と「価格」のバランスに、厳しい目を向けるようになった。

そこでは、自分の価値観が商品の選択基準になる。自分の生活や人生に欠かせないモノやサービスを、いろいろな情報を参考にしながら自分なりに判断して購入するという姿勢が強まってきたのである。この背景には、日本経済の成熟化に伴い、人々のライフスタイルや人生観の多様化が進んできたことがある。

その表れのひとつが消費の関心がモノからサービスに移る「消費のサービス化」だ。外食、旅行、スポーツ観戦、ゲーム代などは、統計としてきっちりと把握しにくい側面がある。

もうひとつは、「消費のIT化」だ。このところ急ピッチで進むIT(情報通信)革命の影響で、消費者はインターネット上で買い物情報を得て、購入する。こんご、電子商取引の比重がさらに増すだろうが、それを捕捉できる販売統計はほとんどない。

統計に頼るな

統計には表れない景気実感をとらえようと、総務庁はタクシーの運転手やスナック経営者に街角の景気を尋ねる「景気ウォッチャー調査」を実施している。しかし、これはしょせん補助的な調査にすぎない。消費者の変化を反映したもっと本格的なデータの整備を早急にはかる必要がある。

とはいえ、消費関連統計の精度が高まったとしても、消費というマンモスの動きをつかむには限度がある。消費統計の不正確さを知れば知るほど、疑問が生じる。

政府はこれまで誤差の大きい消費統計をもとに、景気の現状を把握し先行きを予測して政策を展開した。ひょっとしたら、これまでの景気政策にあまり実効性がなかったのは、不備な統計のせいではないだろうか。

第二節　「貯蓄大国ニッポン」の憂鬱

高齢者問題をテーマにしたテレビ番組のなかで、七〇歳の老人が「なんのために貯蓄を続けるのですか」という質問に「老後のため」と答えていた。

高齢者は、年金のほかにそれまでに貯えたおカネを取り崩して老後の生活をしている。だから、社会における高齢者の割合が増えると、国全体の貯蓄率は低下する。ところが、日本に限ればそうでもない。どうして高齢化が進むのに、日本の貯蓄率は下落しないのか。このまま貯蓄が増えると、景気にどのような影響を及ぼすのだろうか。

なぜ消費性向が低いのか

欧米主要国に比べると、日本の消費性向（可処分所得に占める個人消費の割合）は、断然低い。このために、欧米各国は日本の高貯蓄、低消費が貿易不均衡の原因だと非難の声を浴びせる。「日本人は貯蓄に精を出して消費に回さないから、内需不足になり企業が輸出に励む。その結果、貿易アンバランスになる」というわけだ。

外国に日本の消費や貯著行動に文句をつける権利があるのかと反論したくなるが、たしかに私たち日本人の貯蓄率は高すぎる。大ざっぱにいえば、米国や英国が五%前後にすぎないのに、日本は一五%前後で、今回の不況でさらに高まっている。

なぜ、日本人の貯蓄性向が高くて欧米人は低いか。さまざまな理由が考えられる。「社会保障の水準が低く、病気や不時の災害に備える」「老後の生活のため」などの動機が強いが、それだけでは説明がつかない。加えるに、日本社会には豊かな消費生活を楽しめる基盤が十分に整っていないからではないだろうか。

このことは、欧米先進国と比べれば良く分かる。生活に密接な住宅だけでなく、公園、下水道、道路などの社会資本の充実ぶりに目をみはる。街のたたずまいも、しっとりと落ち着いている。こうした社会基盤があるからこそ、彼らは所得の大部分を消費にまわし、質の高い消費生活を送ることができる。いいかえれば、ゆとりある生活と高い消費性向とは、裏表の関係にある。

通用しない経済法則

いうまでもなく、貯蓄と消費はコインの裏表の関係にある。人々は収入を貯蓄と消費に分ける。消費が増えれば貯蓄は減るし、逆に貯蓄が増えれば消費が減る。

景気との関連でいえば、好況で所得が増えると消費の絶対額は増えるが、人々が消費に回す割合である消費性向は低下し、いっぽう貯蓄に振り向ける貯蓄性向は上昇する。つまり、金持ちになると消費性向は低くなり（貯蓄性向は上昇）、ビンボーになると消費性向が上昇（貯蓄性向は低下）する。

不況になると、逆の現象が起きて、消費性向が上向き貯蓄性向は低下する。不況のときに消費性向が上がるのは、人々は所得が減ってもこれまでの生活水準をなお維持したいと考えるからだ。

これが、消費と貯蓄に関する経済法則である。ところが、平成不況が長引く中で、日本の貯蓄性向はむしろ上がり気味である。この背景には、生活の先行きに不安を抱いている日本人の生活防衛本能が働いている。失業率が上昇し、「雇用不安」が広がっているし、少子高齢化による「年金不安」や「増税不安」も忍び寄っている。

問題は、他の先進国を上回る猛スピードで進んでいる高齢化の波との関わりである。後述するが、高齢化は貯蓄率の低下要因である。それなのに、日本の高齢化は貯蓄率をダウンさせるどころかアップさせている。

ライフサイクル仮説とは

貯蓄に関する経済理論の一つに、「ライフサイクル仮説」というのがある。「人間は若いときから死ぬまで一生涯のことを考えて消費と貯蓄の行動を行う」というものである。この仮説だと、若い働き盛りのときに将来に備えて貯蓄し、老人世代になるとその貯蓄を切り崩して消費に充てる。それが、合理的な行動だというわけだ。

欧米では、三〇代、四〇代に貯蓄する人も、六〇代を過ぎると、貯蓄を取り崩した生活を楽し

年齢別にみた世帯主の金融資産残高（予測）

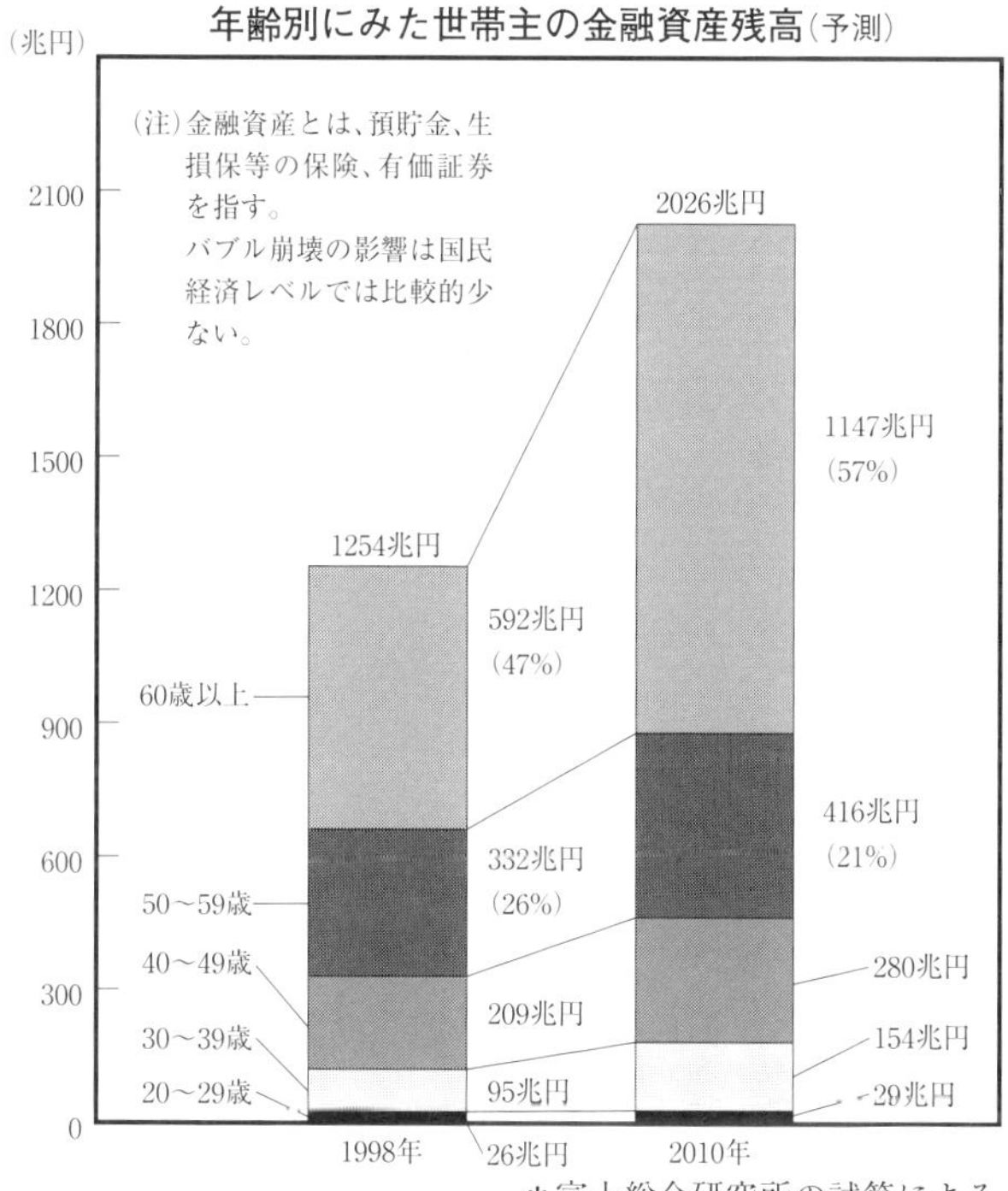

＊富士総合研究所の試算による

むのが普通だ。彼らの発想は、自分の生涯を単位とする「ライフサイクル的人生設計」である。

この仮説が正しいとすると、生産に従事する若い世代の多い国の貯蓄率は高く、高齢化が進んだ国の貯蓄率は低い。高齢化が進むと、現役世代の行う貯蓄よりも高齢者世代の貯蓄取り崩しのほうが大きくなる。そうなると、国全体の貯蓄率がほぼ間違いなく低下する。一般に、貯蓄率低下は高齢化が進む経済のマイナス要因とみなされている。

ただし、このライフサイクル仮説にはいくつかの欠陥がある。なによりも死というものは、予定どおりというわけにはいかない。どうしても不確実性がつきまとう。となると、死ぬまでに貯蓄を使い切るというのは、現実的ではない。

「王朝仮説」とはなんだ

それに、貯蓄動機は自分だけのためではない。残された家族や親戚のために貯える場合も少なくない。いわゆる、遺産動機がそれである。この遺産動機は、なんとしても残すという「積極的遺産動機」と、とくに残すつもりはなかったが使い切れずに遺産となった「意図せざる遺産動機」に大別されるだろう。

このへんの事情を加味したものが、貯蓄に関する「ダイナスティ仮説」である。ダイナスティとは、王様が支配する王朝のこと。高齢者は、孫たちにお小遣いをたくさんやって、いいおじいちゃん、いいおばあちゃんとして尊敬されたい、慕われたい、いつまでも王様でいたい、のである。そこまで思わなくとも、病気になったり寝たきりになっても、誰かに面倒をみてもらいたいという人は多い。広義に解釈すれば、いずれも遺産動機といえるだろう。

日本人の高齢者の貯蓄に対する考えにはダイナスティ仮説が色濃い。とはいえ、今後さらに高齢化が進むと、欧米を追いかける格好でライフサイクル仮説がより濃厚になっていくだろう。現実に、比較的元気な高齢者の間には生活を楽しむために積極的に消費するという考え方が強まっている。遺産動機は、大勢として薄まりつつある。

今後所得を年金にだけ頼る高齢者の比率が高まると、これらの層の貯蓄率自体が低下する。高齢化の進展は、長期的には貯蓄率をなだらかに低下させるのではないか。

「合成の誤謬」

経済学の教科書には「合成の誤謬（ごびゅう）」という言葉がある。個々の経済主体では合理的な行動であっても、経済全体では間違いになるという状況を指す。個人が正しい行動をしても、社会全体の帰結で合成されると、社会全体が悪くなり、個々の人々も互いに苦しむ。

貯蓄と消費の行動に、それが顕著に表れている。いまの経済状況を考慮すると、個人が将来の生活を防衛するために、貯蓄に励むのはきわめて合理的な行動だ。しかし、経済全体でみると、それによって消費が縮小するがゆえに日本経済は消費不況の泥沼から脱け出せない。消費が縮み設備投資が減るという悪循環が、平成不況を長引かせているのである。

貯蓄と消費の視点から、アメリカ経済をみるとその好況ぶりがよくわかる。アメリカの個人レベルの貯蓄率は昨年末からマイナスに転じており、一九九九年五月にはマイナス一・二％にまで下がった。こうした現象は大不況だった一九三三年以来、六六年ぶりだという。

マイナス貯蓄とは、所得以上に消費することを意味している。その分は借金するか、金融資産を減らしていることになる。貯蓄に励む日本人にとって、貯蓄率マイナスというのは生活苦の人か遊び人の行動ということだ。それが国全体の平均でマイナスというのだから、理解の範囲を超えている。

そのアメリカは先進資本主義国でただひとり繁栄を謳歌している。貯蓄率マイナスに示されるほどに、消費景気が爆発状況にあるからである。

高貯蓄をどう活用するか

アメリカの貯蓄傾向は極端にすぎるが、日本の高貯蓄も限度を超えている。中長期的にはともかく、短期的には消費性向が上昇する要因は少ない。

こんごは雇用構造の変化に伴い、所得の格差がよりはっきりしてくるだろう。所得の二極分化は、貯蓄率のさらなる上昇の要因になる。高所得者層の貯蓄性向は高いし、低所得者層もいまの雇用不安などが解消されない限り貯蓄に励むからだ。

こうなると、消費主導の景気回復は見込めない。そうだとすると、政府が行うべき政策は、経済の先行きに明るい展望を示すことである。それには、年金制度をはじめとする社会保障制度などセーフティネット（社会的安全網）を整備する必要がある。そうすることで、生活不安を除去し貯蓄に励まなくともある程度の生活が保障されるようにしなくてはならない。

貯蓄は投資の源泉といわれるように、経済が成長していく上で、貯蓄の果たす役割は重要である。実際に、日本が経済成長を果たして欧米に追いつけたのも「高貯蓄」のおかげだった。ところが、日本はその高貯蓄をもて余している。貯蓄を有効に活用するには、貯蓄を投資につなげなくてはならない。投資機会の創出のために、官民双方が知恵を出すべきときである。
七〇歳の高齢者に「老後のため」に貯蓄するのではなく、「残りの人生を楽しむために貯蓄する」と言ってもらいたい。

第三節　あなたの預金は大丈夫か――「ペイオフ」で銀行はどうなる

日本では、バブル経済が崩壊する一九九〇年代初めまで銀行の倒産はなかった。この国に、銀行は破綻しないという「銀行不倒神話」が広がったのも当然である。それが、揺らぎ始めた。中小だけでなく、大手にも経営危機が及んでいることがはっきりしてきた。消費者は「危ない銀行」をどのようにして見分ければいいのだろうか。

衝撃ニュース走る

一九九七年一一月は、日本の金融史上、特記される月になった。まず、中堅どころの三洋証券が倒産し、次いで山一証券が倒産して大手四大証券の一角が崩れた。このあと、大手都市銀行の北海道拓殖銀行が経営破綻した。

バブルが崩壊した後、金融機関の倒産はとくに目新しいものでなくなった。しかし、九〇年代半ばごろまでは中小の銀行が多かった。九七年秋に経済界が衝撃を受けたのは、かねてからうわさがあったとはいえ、いずれも大手金融機関だったからだ。

経済界には、大手金融機関だと破綻の影響が大きすぎて、つぶそうにもつぶせない（too big to fail）状況にあるとの見方が強かった。それが、根底からくつがえされた。

不良債権処理「先送り」の大罪

金融危機の直接的な原因は、なんといっても、バブル経済崩壊により銀行が巨額の不良債権を抱え込んだためだ。

バブルが膨張する過程で、多くの金融機関は不動産融資に血道を上げた。ところが、バブルが崩壊したあと、不良債権の処理に手間取り対応策が後手にまわった。地価が下げ止まり上昇に転ずれば、不良債権問題はいずれ解決すると判断したのである。だから、対応策はその場しのぎに終わり、抜本的な対応策を先送りしてきた。しかし、地価も株価もいっこうに上向かず、思惑が外れた。

大蔵省の金融行政もまずかった。「銀行はつぶさない」との方針のもとで、大蔵省は経営力の弱い銀行に足並みを合わせるという従来どおりの護送船団行政をとり続けた。

この間、欧米諸国は金融自由化を推進し、厳しい自由競争を展開して着実に経営力をつけた。欧米銀行が筋肉質の強靭な体に鍛え上げているのに、日本の銀行は金融自由化という世界の潮流に乗り損ね図体ばかり大きく贅肉のついた肥満体になったのである。

金融自由化は、金融産業のスクラップ・アンド・ビルドを促す。金融自由化は自由競争を促すとともに金融機関の再編成や淘汰につながる。経営力格差が鮮明になり、優勝劣敗がはっきりする。これを日本の金融機関も行政も先送りした。そのツケが経営破綻という形で九〇年代後半に回ってきた。

ペイオフ解禁にあわてるな

こうした状況に政府も日銀も金融制度改革を打ち出さざるを得なくなった。九八年六月に日本版ビッグバン（金融大改革）を推進するための「金融システム改革法」を成立させた。大幅に規制緩和を促し競争原理を導入する内容で、金融機関が破綻した場合の枠組みも整った。

金融機関が破綻したときの最大の問題は預金だが、一九九六年から凍結されていたペイオフ（定期預金などの払戻保証額を元本一〇〇〇万円までとその利息までとする特例措置）を解禁することとした。最初は二〇〇一年四月からの実施する方針だったが、一年延期されて二〇〇二年四月からになった。

ペイオフ解禁は二段階に分かれる。二〇〇二年四月以降、保護されるのは元本一〇〇〇万円までとその利息だけとなる。決済に使われる普通預金と当座預金は一年後の二〇〇三年四月に全額保護の対象から外れる（図参照）。

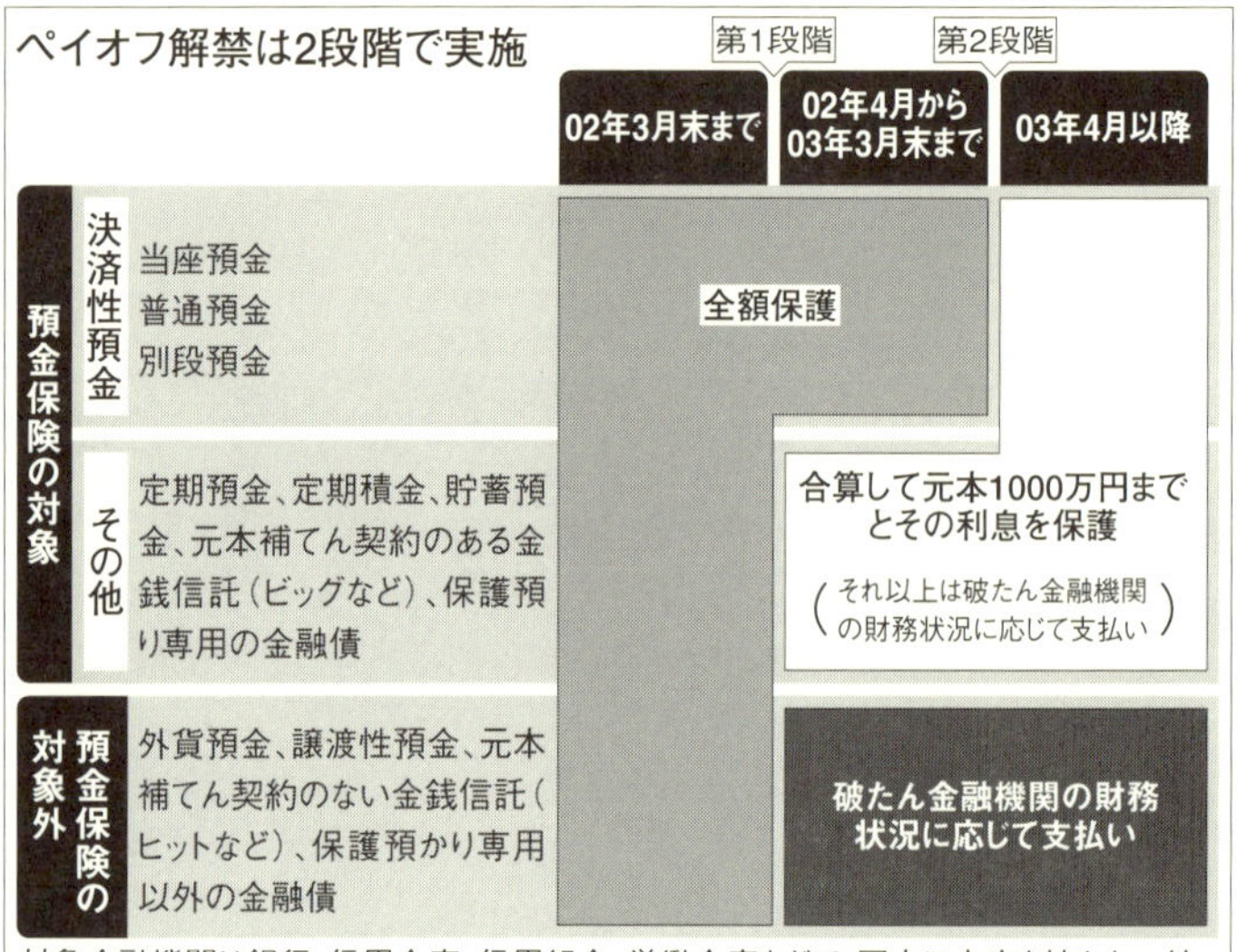

対象金融機関は銀行、信用金庫、信用組合、労働金庫などで、国内に本店を持たない外国銀行は対象外。農協、漁協などの貯金にも同様の貯金保険制度がある

ローンのほうは、継承される銀行に引き継がれるので、踏み倒しはできない。もちろん、倒産したからといって、即時返却を迫られることはない。公共料金やクレジットカードはきちんと自動的に引き落とされず、業務に支障が生じる恐れがある。倒産銀行の処理ミスもふえるだろう。

いま、世帯当たりの預金残高は五〇〇万円弱といわれる。大半の家庭は一〇〇〇万円に達していないから、ペイオフ解禁を恐れたり、あわてたりすることはない。心配なのは、ペイオフについての情報が行き渡っていないため、不安にかられて取り付け騒ぎや預け替えが起きることだ。

もっとも、政府は六〇兆円に及ぶ金融

再生プランを策定し金融界のセーフティネット（安全網）を整備している。このため、こんご個々の金融機関の破綻が起きても、金融システム全体が揺らぐことはあるまい。だから、大多数の預金者はいくらかの不便はあるものの、大打撃をこうむるほどでもない。

ペイオフが金融再編を促す

ペイオフ解禁を控えて、大口預金を引き上げる動きが出始めた。現実に、一九九九年の秋以降、全国銀行の一〇〇〇万円以上の預金残高が減少した。ペイオフ実施が近づくにつれて、経営不安のささやかれる銀行から預金の流出が起きた。銀行の経営は守りの姿勢になり、企業への貸し渋りも加速された。

大口預金流出の影響を受けたのが、預入れ期間の長い金融商品を扱っている長期信用銀行や信託銀行、それに中堅どころの銀行である。これらの金融機関がペイオフ解禁という締め切り時間（デッドライン）を前に、生き残りをかけて合併や提携を模索せざるをえなくなった。ペイオフが金融再編の火付け役を果たしたのである。

かつての銀行合併や提携は、「規模の利益」を追求する前向きのものであった。しかし、今度は違う。これからは生き残りをかけた縮小均衡型の、いわば「リストラ合併」である。このことは、金融再編が企業グループの壁も越え始めたことを意味している。

金融界の合併や提携には、資本注入をてこに金融再編を推進しようとする金融庁の意図が働いている。「ペイオフ実施までに経営の健全性が確保できない金融機関は退場させる」という強い姿勢を示して、銀行に不良債権の処理とリストラを促すのがねらいである。これによって、「悪い銀行」と「良い銀行」の選別が進むとみている。

日本は「オーバーバンク」

日本には銀行の数が多すぎるといわれてきた。その数は、約二九〇〇だといわれる。米国の約一万やドイツの約三四〇〇などと比べるとそれほど多くないが、問題は大手銀行の数である。国際業務を行う大手銀行のことを「マネーセンターバンキング」というが、欧米ではひとつの国に数行しかない。グローバルな金融大競争で生き残れる国際銀行は世界で一五行程度といわれる。この見方が正しいとすると、二一世紀に生き残れる日本のマネーセンターバンクは三行か四行だろう。

その辺を意識したのだろうか、ペイオフ解禁を前に大手銀行の再編ムードが過熱した。その結果が、すでにある東京三菱に加えて、みずほグループ（第一勧業、富士、日本興業）、三井住友、ＵＦＪ（三和、東海）の四大メガバンクの誕生である。

一連の金融再編には、当該銀行の将来を見据えて業務を再構築するという強い意志を感じる。そうだとすれば、再編の輪が広がることで日本の金融界の活性化が促されるのではないか。それは、日本経済にとっても望ましいことだ。

銀行をどう選別するか

銀行も倒産する時代になった。消費者としても、虎の子の預金を守るために、日ごろから銀行を選別する目を養っておくことが大切である。預金者に求められるのは、「自己責任」で取引銀行と金融商品を選ぶことである。預金者の厳しい選別を通じて、日本の金融システムの基盤はより確かなものになる。

金融機関の経営の健全性をみる尺度はたくさんあるが、なによりも大切なのは、ディスクロージャー（経営内容の公開）である。その姿勢が確立しているという定評がある銀行なら、当面は安心していいだろう。

経営内容を見極めたいなら、どのような業種に対してどのくらいの融資がおこなわれているかを知る必要がある。問題は不健全な融資の割合だが、融資残高に占める不動産業の割合によって不良債権の割合がある程度は推測できる。このなかには、優良債権も少なくないが、バブル期にゴルフ場やリゾート開発などの投機的な融資はかなりあるとみざるをえないからだ。

このほか、窓口での行員の接客態度も重要だ。危ないと噂されている銀行に行くと、机の上が乱雑だったり、電話が鳴っても出なかったり、もう終わったキャンペーンのポスターが張ってあったりする。

「コンビニ銀行」と「ネット銀行」——多様化する金融機関

街角にあるコンビニエンスストアが「銀行」に変身した。といっても、小売業をやめたわけではない。企業向けの融資はしないで、個人を相手にする決済専門のささやかな銀行にすぎない。集めた資金は安全性の高い国債や社債で運用して、企業などへの融資は行わないから、不良債権は発生しない。

先陣を切ったのは、流通最大手のイトーヨーカ堂だ。傘下のセブンイレブンの店にATM（現金自動預け払い機）を設置して業務をおこなっていたが、その後、二〇〇一年五月に「アイワイ（IY）銀行」を発足させた。

従来の人員と既存の施設を利用するだけだから、コストもそれほどかからずリスクもさほど大きくはない。あくまで消費者の利便性を高めて集客効果を上げる手段と位置づけており、金融業務と物販との相乗効果（シナジー）がねらいだ。「コンビニ銀行」の誕生は、「モノの流れ」とこれに付随する「情報の流れ」や「カネの流れ」をも制することができる可能性を示唆している。

「カネの流れ」についていえば、情報化の進展や規制緩和によって金融商品も一般的な商品になった。そうなれば、銀行に限らず誰でもどこでも販売することができる。流通業界だけでなく事業会社の銀行への参入に拍車がかかったのも、そうした流れの一環だ。先頭に立ったのが、インターネットを使って金融事業を展開する「ネット銀行」である。

その中で、ソニーの進出が注目を集めた。個人向けに特化した預金受け入れや小口ローンなどを扱うネット銀行は、世界的企業ソニーのブランド力を最大限活用するものだけに、金融界の衝撃度はきわめて大きい。

消費者の利便を考えれば、金融業務の比重は消費者により近い存在のほうに移っていくだろう。「コンビニ銀行」にしても、「ネット銀行」にしても、伝統的な金融業界に革新を迫るだけのパワーを秘めている。消費者にとっては、好ましい潮流変化である。

第四節　地球にやさしい消費者とは

「地球はひとつ。このままでは、滅びる」

こんな当たり前のことを多くの人に実感させてくれたのが、一九九七年一二月に開かれた地球温暖化京都会議の最大の成果だったのではないか。しかし、私たちがそう感じただけで地球を汚染する二酸化炭素（CO_2）が減るわけではない。大切なのは、私たち消費者の意識改革と具体的な行動である。

「環境家計簿」の知恵

「食用油一ＣＣを流したとすると、魚がすめる水質まで水でうすめるには一九八リットル必要。

味噌汁二〇〇CCだと、一四〇〇リットルの水が必要」

「家庭から排出されるゴミの量は、二〇年前は一日一人当たり八〇〇グラムだったが、現在は一二〇〇グラムと一・五倍になっている」

「生ゴミを水切りしないで捨てると、ゴミの重量、体積が増えて、運搬や焼却に余計なエネルギーがかかる」

東京都板橋区が作成した「環境家計簿」には、このような生活面での環境問題の基礎知識が掲載されている。B5判二四頁の小冊子だが、イラストもふんだんに使われ、環境問題を身近に実感させる工夫がなされている。

「くらしをチェック」というコーナーが設けられている。こんな具合である。
▼テレビはつけっぱなしにしなかったか。夜間はリモコン用の電源を切ったか。▼不要な電源はこまめに消したか。▼食器に付いた油などはいらない紙でふきとってから洗い、食用油は流しに流さなかったか。▼ジュースなどの缶飲料はできるだけ買わず、買っても捨てずにリサイクルに回したか。
これらのことはたいていの人は知っているが、こうしてまとめられているとなるほどと思う。「ゴミを出さない」、「つくらない」、「ムダをなくす」というリサイクルの精神を生活にいかすと、エネルギー節約になるばかりか、少しでも家計支出も減るなら、ちょっと心がけてみるか、という気持ちにもなる。

板橋区のもう一つの自慢は、小学生を対象にした環境家計簿のこども版を作成したことである。区内の小学校の教諭たちが作ったもので、タイトルは「やってみよう。かんきょう探険」。二〇頁の小冊子で、区内の小学校で教材として活用されている。

環境問題は将来世代に大きな影響を及ぼす。そのことを考えれば、環境に負担をかけない習慣を子どもの時代から身につけることが大切である。環境教育が地域に根づけば、環境保全より身近なものになる。

日本は「環境劣等生」ではない

先の京都会議のころには、新開紙上で環境問題が毎日のようにとりあげられたから、多くの人は日本の状況を理解しているだろう。しかし、喉元すぎれば熱さ忘れるとのたとえもある。少しおさらいをしておこう。

CO_2の排出量は、経済の発展した先進国が発展途上国を上回る。人口で世界の一八%のOECD（経済協力開発機構）二四ヵ国が排出量では五五%を占める。これを国別にみると、アメリカ一国で世界のほぼ四分の一を占め、中国、ロシアが続く。面積が広く人口の多い「大国」が上位であるのは当然だが、アメリカの突出ぶりには驚かされる。日本はこの二国に続く。これを一人当たりでみると、やはりアメリカが一位でオーストラリア、カナダ、ロシアと続き日本は七位前後である。

こうみると、日本はそれほど環境問題では劣等生ではないようだ。実際のところ、石油危機のあとの一九七〇年代後半から八〇年代前半にかけては、日本の産業界は省エネに成功し環境問題では優等生だった。

それなのに、バブル経済の膨張とともに増え続け崩壊後もなお増勢傾向が改善されない。どうして、八〇年代後半から九〇年代半ばにかけて排出量を増やし続けたのだろうか。

この時期、とくに八〇年代後半期に、自動車や家庭電化製品の大型化が進みエアーコンディショナーの普及率が向上した。輸送部門では、エネルギー節約的な鉄道や船舶からエネルギー多消費型の自動車や航空機にシフトした。

この間、人々のライフスタイルが再びエネルギー多消費型に急旋回したことも見逃せない。ひとつはエネルギー価格の安定を背景に、車社会が一段と進展したことである。乗用車の保有台数は八〇年から八五年には四三〇万台増えたのに対して八五年から九〇年にかけては六六〇万台も増えた。車種も排気量の大きい三ナンバーの高級車や、燃費効率の劣るレクリエーション・ビークル（RV）が増えた。

大型冷蔵庫、大型テレビなど電化製品の大型化が進んだのも、待機電力を無駄づかいする家電製品のリモコンが普及したのも、この時期である。エネルギー多消費製品が普及したことの背景には、ぜいたくがカッコいいとするライフスタイル意識が社会を支配していたことがある。

厳しい京都議定書の削減目標

その京都会議で、二酸化炭素など六種類の温暖化ガスについて先進国の排出削減目標を定められた。二〇〇八〜二〇一二年の間に、九〇年比で日本は六%、米国は七%、欧州連合（ＥＣ）は八%削減しなくてはならない。議定書は五五ヵ国以上が批准し、先進国の温暖化ガス排出量の五五%以上を占めるという二つの条件を満たすと発効する。

日本とＥＣの主要国はすでに署名済みだが、最大のCO_2排出国である米国は産業界の反対が強く不参加を表明、その実効性が危ぶまれる情勢である。

肝心の日本だが、現実に九〇年比六%の削減は容易でない。この削減目標額が「日本の全世帯でテレビ、照明、冷暖房などを約一〇ヵ月停止するか、全国の工場を二ヵ月操業停止しないと達成できない」（日本商工会議所環境副委員長の話）ほど厳しいからである。

厄介なことに、不況で経済活動が鈍っているにもかかわらず、京都会議以降も民生や運輸面でCO_2が増え続け二〇〇〇年時点で六・八%増えた。このままだと二〇一〇年には一三%を超す削減が必要となる。

このため、政府は京都議定書の批准に備え二〇〇二年三月に地球温暖化推進大綱を決定、事細かに生活上の実践を国民に求めた。「〝こまめ生活〟始めてみませんか」とこんな注意を呼びかけている。▼家電製品のコンセントをつなぎ放しにしない。▼白熱灯を電球型蛍光に変える。▼シャワーの時間を一分減らす。▼買い物袋を持ち歩き省包装の野菜を選ぶ。▼家族のだんらんを同じ部屋でする——などである。

クリーンコンシューマーの発想

私たち消費者はこれまで大量消費・大量廃棄型の便利な生活にどっぷり浸かってきた。しかし、地球環境問題の高まりによって大量廃棄が事実上限界に達しつつある。生活スタイルを変革しないかぎり、地球はパンク状態になる。

私たちが手にしている便利さや快適さは、自分の手間を他のエネルギーで代用しているものである。人間はエネルギー的には一〇〇ワットの力があるといわれるから、たとえばエアコン一キロワット使うのは、一〇人の召し使いを雇っているようなものだし、五〇〇ワットの掃除機は五人に掃除させているようなものである。

核家族化が進んだことも、エネルギー浪費につながる。一家団欒を大切にして、みんなで一緒にご飯を食べ、一緒にテレビを見て、おふろも短時間ですませば、エネルギー消費はかなり減る。

二酸化炭素の排出量で民生用が占める割合は、業務用と家庭用を合わせて約二五%。家庭用は一三%にすぎない。そうなると、消費者が少しくらい節約を心がけたくらいでは大勢にそれほどの影響はないかにみえる。しかし、そうではないと考えるべきだろう。

なによりも、産業部門の省エネはほぼ限界に達しつつある。それに比べて、民生部門にはまだ改善の余地がある。それに、消費者の意識と行動がエネルギー節約型になることで、社会の省エネムードが高まる。たいていの消費者は、一方ではなんらかの形で生産活動に従事している。消費者の意識や行動が変われば、産業界の環境への意識変革も進む。

日本の消費者がこれから心がけるべきことは、コンシューマー（消費者）から「グリーンコンシューマー」（環境配慮の消費者）への脱皮である。

グリーンコンシューマーは、環境保護運動が盛り上がったヨーロッパで増えてきた。その背景には「経済」優先の社会への人々の反発がある。彼らは自然破壊する企業を糾弾することはもちろん、環境に留意しない企業の製品を購入しない。環境問題に不安を抱いて、行政に働きかけて環境保全運動を進める。自分たちの身の回りの問題だけではなく、発展途上国の諸問題にも関心を示す。欧州各国が環境問題への取り組みで一歩先んじているのは、こういう人たちが多いからである。

環境配慮型の生活に

大量消費・大量廃棄時代の消費者は、価格が安くて質のいい製品やサービスを最優先させることが合理的な消費行動だった。ここでは、環境にやさしいかどうかは、購買にあたっては重要な判断材料ではなかった。これに対してグリーンコンシューマーは、環境保全を優先させる。価格よりも環境に配慮した製品とサービスを選ぶ消費者である。

それでは、私たちが目指すべきはどんな社会か。環境問題に詳しい経済学者の佐和隆光京大教授はこういう。「適正消費、極少廃棄、リサイクル、省エネルギー、製品寿命の長期化などを消費者や生産者に動機づけるような仕掛けを施した文明社会」である。それは、産業優先社会や石油文明と決別するとともに、「大量消費・大量廃棄型」社会から「循環型社会」への転換を意味する。

循環型社会とは、資源の消費量を抑制し環境への負荷をできるだけ少なくする社会のことだ。循環型社会の成立には、製品のゴミの省資源化や長寿命化の促進によって廃棄物の発生を抑制する（reduce）を最優先し、発生した廃棄物を再利用（reuse）、さらに原材料などに再生して利用（recycle）するという「三つのR」が前提となる。

それには、足元の生活を少しずつでも環境配慮型に変えていくことから始めるしかない。一人ひとりが自分たちの生活を環境保全の視点から点検し、身の回りで行動に移すことによって社会の雰囲気を変える。それが環境にやさしい文明社会への一歩である。

地球環境問題は、いますぐにも人々の死活にかかわるような事柄ではない。しかし、いまから対策にとりかからないと将来世代に取り返しのつかないコストを支払わせることになる。

第五節　企業を揺さぶる「消費者パワー」

二〇〇〇年夏は、少しばかり異常だった。消費者からの苦情が相次ぎ、企業の対応のまずさが浮き彫りになった。二〇〇一年から二〇〇二年にかけて、その続編があった。二〇〇二年一月、雪印食品が狂牛病対策を悪用し輸入牛肉を国産と偽って業界団体に買い取らせていた不正が発覚した。各地のスーパーで、生産地を偽った牛肉が出回っていたことも明らかになった。雪印の場合、親会社の雪印乳業が集団中毒事件を引き起こしてまだ一年半。あの時の教訓が生かされず、ついに会社解散に追い込まれた。

このように、消費者から〝ＮＯ〟を突きつけられた企業は、対応を誤ると経営の屋台骨まで揺さぶられる――。

相次ぐ異物混入

「菓子にアリ」「パンにハエ」「せんべいから針金」「チーズにゴム片」「冷凍食品にプラスチック破片」「さびくさい味がする清涼飲料水」など、よくもまあ、こんなにと思うほど、食品に異物が混入していたというニュースが続いた。混入物のなかには、トカゲ、ヤセリ、ガ、ゴキブリ、ハエもある。これだけで、夏休みの昆虫採集ができる。

二〇〇〇年夏に各地の保健所に持ち込まれた苦情の数は、前年を大きく上回った。たとえば、七、八月に東京都の保健所が受理し処理した苦情は八四〇件を超えた。これは、前年の八倍に近い。

これほど消費者からの苦情が増えたのは、六月に明らかになった大手の雪印乳業の食中毒事件以降である。加工工程に異常が見つかったのに改善努力を怠ったことへの批判だけでなく、その後の不手際続きに非難が集まった。これらがマスコミに大きくとりあげられ、消費者の怒りに火をつけた。消費者の食品への信頼が薄らぎ、その分、異物混入の〝発見度〟が例年になく高まった。

消費者からの苦情はこれまでは、どちらかといえば中小企業に多かった。それが、二〇〇〇年の夏はちょっと違った。雪印乳業、味の素、ヱスビー食品、山崎製パン、カルビー、ヤクルト、不二家……。食品産業以外では、民事再生法の適用を申請して事実上倒産した大手百貨店そごう、欠陥自動車のリコール（無料の回収・修理・交換）隠しを長年続けた三菱自動車工業などの有名企業も批判にさらされた。

これらの企業はいずれも消費者に近い〝川下産業〟で、消費者の信頼で成り立っている。口先では消費者重視を前面に出しながら、その実、消費者の声に耳を傾けない経営姿勢であることが浮き彫りになった。

食品企業の場合、以前は異物混入が指摘されても消費者の健康に被害がないときは担当者が菓子折りを持参して頭を下げる程度で済ましていた。落度があったとしても、全社的な安全対策を打ち出すまでもなく、消費者もそれで納得というケースが多かった。

最近では、このような「個別対応」だけでは済まなくなった。過敏になった消費者は個別の対応に不満を抱き、すぐに保健所や消費者センターに相談する。対応が遅れると、マスコミに通報する。

そうなると、企業としては「できるだけ速やかに、しかも誠実に」対応せざるをえない。まず、謝罪である。本人だけでなく、マスコミをとおして世間に対しても行う。ついで、製品の自主回収を行う。そのあとで、原因究明に乗り出し再発を防ぐ手立てを講じる。

そこまでしないと、多くの消費者はなかなか納得してくれない。とくに、製品回収の費用は多額に上る。企業の側にも、対応を誤ると大変な事態になる。

画一的対応に批判殺到

しかし、企業の対応ぶりには形式的で画一的な対応が多い。まず、企業トップが頭を下げる。謝り方がわるいといわれないように、ひたすら恭順の意を表す。そして、こんごの対応策として担当部署を設置し、分厚いマニュアルが作成される。

それでも不祥事が繰り返されるのは、企業が日頃から消費者重視の姿勢を貫いていないからではないか。だから、その場しのぎの対応になり、消費者に本心を見透かされる。

そうしたことがないようにするには、常日頃から情報開示をはじめ消費者に開かれた経営をする必要がある。具体的には、正確な情報の把握がなによりも優先されねばならない。不正確な事実把握に基づく判断や見解は、当初予想していなかった二次的な危機を生み出す。企業の見解がくるくると変われば、せっかく築いた信頼関係を損なう。

対応を誤った企業の多くは概して、「たこつぼ」に閉じこもったような内向きの経営をしている。消費者の対応を誤り、経営に打撃を受けた雪印乳業がいい例である。財務畑のトップ自身が現場のことをよく知らず、十分に事実を確認しないまま記者会見に出てかえって消費者の反発を買う結果になった。

三菱自動車もひどかった。自動車メーカーの第一の使命は、ユーザーの安全のはずである。それなのに、リコール隠しやクレーム情報隠しを長年にわたり組織ぐるみで行っていた。隠蔽用ソフトをつくり、クレーム情報を運輸省に報告する分と隠す分にわけ、コンピューターで二重に管理していた。隠蔽には、その時々の品質保証部の課長以下がかかわり、部長も承知していた。これでは、消費者よりも組織の保身を優先したといわれても仕方がない。

リコール隠しの慣例化は、社内の自浄作用が働かなかったことを示している。その背景には、不特定多数の消費者よりも社内や顔の知れた得意先を重視するという社風があった。

乏しい危機管理意識

日本の企業は、危機管理の発想が乏しい。リスクはさまざまである。犯罪者や反社会的勢力による攻撃（総会屋や暴力団）、企業の評価を失墜させる行為（差別人事やセクハラ行為）、企業の法令違反（贈収賄や独占禁止法違反）、社員の違法行為（交通事故やわいせつ行為）など多岐にわたる。

日頃から事前に危機を予見し、リスクに対応するためのシステムをつくっておかないと、いざという場合、適切な対応がとれない。それには、「間違いはときに起きる。それを非難するよりもすぐに改めることこそが大切だ」という雰囲気を社内に醸成しておくことが前提になる。社内の風通しがわるく、マイナス情報を上司に上げにくい雰囲気があると、せっかくのシステムが有効に機能しない。

トップの危機管理意識も問われる。不祥事が起きたときに、「知らなかった」というのは「リスク管理を怠ってきた」ことを認めるのと同じだ。「最近はなにかとうるさいから、間違いのないようによろしくやってくれ」では、トップ自身が肝心な場面であたふたしてしまう。欧米企業では概して、自ら率先してことにあたる。そうしないと、株価に対応し経営がおびやかされる。

消費者から〝NO〟を突きつけられ、その対応を誤ると経営危機に陥るケースもある。そごうの場合、「税金でデパートを救うのか」との非難が高まったことで、売上高が落ち込み自主再建を断念するきっかけとなった。

インターネットが発達している現代では、消費者パワーは予想外の力を示す。ときに企業の意図や思惑を超えて、暴露情報や憶測情報としてあっという間にネット上に流れる。それが、求心力を持って、不買などの具体的な行動に結集する。

こうした消費者の「大衆心理」には、危なさもつきまとう。企業にとって納得できないことも多いに違いない。だからといって、それを危険視するのではなく、逆に情報開示に積極的に取り組む姿勢が必要だ。

それだけにとどまらず、苦情相談を製品開発や商品改善に積極的に結びつける企業もある。松下電器産業の場合、「お客様ご相談センター」に持ち込まれた意見や苦情を分析し、各事業部に改善の提案をしている。苦情相談情報を社内で共有し、迅速な製品改善に結びつけているという。

消費者からの「異議申立て」に前向きに取り組み、不祥事を起こしてもその教訓をいかして製品の改良や組織改革にいかす。そんなしたたかさを企業も身につけるべきだろう。それが、「消費者の時代」にふさわしい企業のありようである。

第六節　消費者が「主権」を自覚するとき

「消費者主権」という言葉がある。平たくいえば、「消費者は王様」ということだが、こういういい方をするのは、どちらかというと消費者でなくて生産者や流通業者など事業者のほうである。ここには、モノを売らんがための下心が透けて見える。

消費者主権は、消費者の主体的な権利である。多くの人がこのことを理解して行動することによってはじめて、消費者が主役の「成熟した消費社会」への道筋が見えてくる。

主体的な権利としての「消費者主権」

私たちの自由社会は、構成員であるすべての個人の対等と自由を前提に一つの民主主義で成り立つ。「国民主権」の思想に基づく政治的な民主主義と、「消費者主権」の理念による経済的な民主主義である。

「国民主権」に基づいて、国民一人ひとりが投票権を行使することで政治に意思を反映させるのに対して、「消費者主権」は経済上の主権が消費者にあることを意味する。

アダム・スミスが『国富論』のなかで「消費は一切の生産の目標であり目的である。生産者の利益は、ただ消費者の利益を増進するに必要な範囲においてのみ考慮せらるべきである」と述べていることに由来している。

政治的な民主主義が国民の投票で支えられているように、消費者主権のもとでは、消費者のおこなう購買行為はお金による投票行為といえる。生産者がなにをいつどのようにして生産するか、数量や価格をどう決定するかは、消費者の意識や行動を読みとって決める。

これが原理原則だが、これが貫徹するには消費者と事業者との間で、取引上の地位が対等であることが前提となる。事業者が情報を独占し供給が独占的だと、消費者は主体的に商品を選ぶ自由が持てなくなる。

現実の経済社会では、事業者と消費者は取引上、対等でない。すなわち、両者間に四つの非対称性、①情報力、②技術力、③組織力、④価格決定力――が存在し、消費者は弱い立場にある。市場メカニズムが円滑に働かずに事業者の販売作戦に消費者が踊らされるのは、こうした現実のしからしむるところである。

そうだとすると、「消費者は神様」は事業者の口先だけの美辞麗句にすぎない。

消費者の「五つの権利」

このような取引上の非対称性が存在している限り、消費者は弱者の立場に甘んじなくてはならない。なによりも、商品やサービスに関わる情報は事業者側にある。これでは、消費者の利益は損なわれる。

こうした考えに立脚しているのが、「消費者保護」の思想である。消費の最終決定権は消費者にあるとして、立法・司法・行政的に保護するための基本理念として、一九六二年に米国のケネディ大統領が提唱したのが「消費者の四つの権利」である。すなわち、

①安全を求める権利
②知らされる権利
③選択の権利
④意見反映の権利、である。

これらの権利に加えて、一九七五年にフォード大統領が五つ目の権利として「消費者教育を受ける権利」を付け加えている。

ケネディ大統領は、消費者とは国民のすべてであり、連邦政府は消費者の権利を擁護する責務があると宣言した。世界各国の消費者行政と消費者運動はここから始ったといってよいだろう。

消費者は弱者？

日本の消費者運動は、先進国のそれとは異なる展開をたどってきた。日本では一九六八年に消費者保護の憲法ともいわれる「消費者保護基本法」が制定されたが、この法律の内容は消費者を保護すべき〝弱者〟と位置づけている。

このため、事業者と消費者の関係を資本家と労働者の関係と同じような対立構図でとらえがちとなり、消費者がこうむる不利益への不満はいきおい行政に訴えるという行動になってきた。こうして、日本の消費者行政は相対的に強い立場の事業者に対する「規制」と弱い立場の消費者に対する「支援」の二本立てとなった。

消費者団体はトラブルが起きると、生産者と対決するというよりは監督官庁に救済を求めて陳情や請願をおこなう。行政の保護や介入を求めることは、事柄の根本的な解決にならず、むしろ行政の裁量幅を広げ企業活動の自由度を狭める。その結果、その場かぎりの対応に終わり、消費者の利益を損なうことも少なくなかった。市場メカニズムを活用するという観点からすると、日本の消費者団体は自由競争の論理に立つという発想が希薄だった。

自由競争が消費者を守る

それでは、消費者の利益を守るものはなにか。それは市場での自由競争である。市場経済は参加する事業者が自由に行動することで成り立っている仕組みである。企業同士の自由で活発な競争がおこなわれれば、その結果として消費者の利益が守られる。

すなわち、競争が活発におこなわれていれば、消費者は気に入らない企業の商品を買わない自由があり、プレッシャーを与え事業者と対等に向かい合える。さらに、使い捨て型や過剰包装型の製品は買わない、多少価格が高くても環境に配慮した製品を選ぶなど、消費者主権を発揮して企業に厳しい注文をつけることもできる。

消費者が自らの意思で、不満を表明する方法のひとつが「異議申し立て」である。やり方としては、企業の苦情窓口に持ち込むだけでなく、地方自治体の消費者センターに訴えることもできる。世論の協力も期待できる。ひとりの消費者の不満が正当なもので、多くの人の共感を得られれば、企業は折れざるをえない。

もうひとつは、「退出」である。商品やサービスの購入を控えることだ。同じような態度をとる人がふえれば、不買運動（ボイコット）と同じ効果がある。消費者は静かなる退出により無言の意思表明することで、消費者利益が貫徹される。

消費社会の成熟化に伴って、多くの消費者は消費の最終決定権が自らの手にあることを自覚し始めた。消費者は自由競争が展開されている限り、生産者と対等の交渉力を持つ。いいかえれば、消費者主権を自覚しているなら事業者と対等に渡り合える。

こうなると、事業者は市場に軸足を置いて消費者の目線で企業活動をせざるをえない。事業者が消費者の支持をとりつけるには、情報公開（ディスクロージャー）と説明責任（アカウンタビリティ）が不可欠である。それを避ける企業は消費者から認知されないような雰囲気が社会に醸成されていることが、「成熟消費社会」の条件である。

そういう意味で、消費者主権は「成熟消費社会」の礎（いしずえ）である。

第七節　「マイモード消費」が広がる

不況が長引く中、消費者が自らの判断で自分なりのやり方にこだわる消費パターンが広がりをみせている。自分流消費、すなわち、「マイモード消費」に限れば、消費の先行きは明るい。消費者が自分の尺度で商品を選択する時代の到来である。

「モード」ばやり？

若い世代を中心に、「モード」という言葉がはやっている。本来は方式や流儀のことで、これまでもっぱら洋服のファッションの型や様式という意味で使われてきた。いまでは、コンピュータ用語としてのほうが馴染み深い。

「今の状態」という意味だが、日常のいろんな場面で使われる。たとえば、「お休みモード」は、休憩中ないしは居眠り中のこと。「仕事モード」は、仕事中。「ラブラブモード」は熱愛中でいちゃついている状態といった具合だ。この用語を借用すれば、いまの消費状況に、「マイモード消費」の一面があることに気付く。

「マイモード消費」とは、それぞれの消費者が自分仕様の商品を求めたり自分のやり方で消費を楽しむことである。これは、最近になって急に広がったわけではない。ここ四、五年の間に、時間をかけてじわじわと社会に浸透してきた感じがする。

マイモード消費には、こんな例がある。たとえば腕時計。腕時計はたんなる実用品でなく、いまや自分の個性を表現する商品になっている。そのことに目をつけたシチズン時計は、一九九六年からオリジナル腕時計を製造、販売してきた。消費者はパソコン画面上で好みの腕時計を作り、それを注文する。消費者が手軽に注文できるシステムをいち早く提供することで、「自分だけのオリジナル商品が欲しい」という消費者ニーズに応えた。

化粧品では、こんな例が雑誌に紹介されていた。東京・臨海副都心の商業施設にある化粧品店の売りものは、口紅やファンデーションなど四種類の化粧品を注文に応じてその場でつくることだ。客は目の前のパレットから色を選び、店員と相談しながら好みの色をつくり上げる。商品は店内の工房で製造し、約一時間で自分だけの化粧品ができ上がる。「自分の好みの口紅が三〇〇〇円程度でつくれるなら安い」と、化粧品に目の肥えた女性の人気を集めている。

最近の例では、このところ急速に店舗を増やしているスターバックス・コーヒー・ジャパンが興味深い。ここでは、コーヒーなどの量のほかに甘味料やミルクなどいろんなトッピングができる。それによって数十種類の組み合わせができる。人々は組み合わせの多さに戸惑いつつも、自分なりの組み合わせと選択を楽しんでいる。

「マイ調味料」を持ち歩く若者も増えている。調味料の中で、いま人気はマヨネーズ。なんでもマヨネーズをかけないと食べた気がしない人を〝マヨラー〟というそうだ。外食時にも、マイマヨネーズを持参する。タバスコや唐辛子がダイエットに効果的と聞くと、それらをマイ調味料として持ち歩く女性も多いという。

自分だけの車、自分だけの化粧品、自分だけの〝城〟、自分だけの調味料……。いろんな分野で「マイモード消費」が増えている。

「価格」から「価値」へ

マイモード消費が広がってきた背景になにがあるのか。第一は、モノが溢れる豊かな社会になり多くの商品が飽和状態になったことだ。

多くの消費者は、すでにさまざまな商品を買い揃えた。家のなかには、それほど必要でないモノもいっぱい詰まっている。そんな状況は息苦しく、モノがないほうがすっきりした気分がする。モノが豊かな時代は、どんどん捨てる時代でもある。

とはいえ、まったくモノからは離れられないことにも気付いた。自分の暮らしを彩ってくれるモノ、自分の生き方に合ったモノ、自分仕様の商品なら購入したいという気持ちは逆に強まったともいえる。

第二は、消費が前面に出る消費社会では、消費によってしか自分らしさや個性、ライフスタイルなどが示せない面がある。人々は個性、つまり他人との違いを、意識的にしろ無意識的にしろ、消費行動で表現しようとする。いわゆる「差異のゲーム」こそ、現代消費社会の特質である。差異ゲームのパターンのひとつがマイモード消費である。

第三は、つくり手である生産者の論理である。つくる側からすると、デフレで価格の下落傾向が続くなかで、消費者の嗜好変化がつかめず新商品の開発が行き詰まっている。そんな状況のもとでは、消費者の側に立つことが先決だ。そんな消費者の意向に沿った商品づくりやサービスの提供が「マイモード消費」をもたらした。

この種のこだわり商品は多くの量はさばけないが、価格はある程度上乗せすることができる。とりあえずは、顧客満足経営をしておこうという計算が供給側に働いている。

消費者の意識や行動の変化は、バブル経済が崩壊した一九九〇年代になってより顕著になってきた。

バブル経済華やかなころ、私たち消費者は高額商品や高級ブランド品を争うように求めた。高額であることは、値打ちがあるいい商品であると思い込んでいた。

それが、バブル崩壊で一変した。人々は不況の深まりとともに、高級品を購入することに疑問を抱くようになり低価格品に関心が向かった。それが、九〇年代初めの価格破壊ブームをもたらした。消費者が価格に厳しい目を向けざるを得なくなった。「コストパフォーマンス」を重視したのである。

消費者の価格に対する感覚は、九〇年代半ばからまた変った。低価格商品だけでは、消費者は満足しなくなった。いくら安くとも、その価格の商品から得られる価値（バリュー）が低いと満足感が得られないことに気付いた。こんどは、消費者は価格よりも、自分にとって価値があるかどうかを商品購入の尺度にし始めた。いわゆる、バリュー（価値）志向である。

新しい価値尺度は、「自分にとって使いやすいか」「心の安らぎや、美的感覚を満足させられるか」など、個々の消費者にゆだねられる性格のものだ。これは、贅沢や豪勢さなどとは裏返しの質素や簡素なども明らかに違う。いうなれば、「コスト・フォー・バリュー」である。

その延長線上に、「マイモード消費」がある。消費者が社会の前面に躍り出た時代にふさわしい合理主義の台頭といえるだろう。

自分の尺度で生きる

日本経済はこれまで、生産者優位の経済システムで成り立っていた。このときは、「消費者は神様」とおだてて、その実、生産者が供給するものを売りさえすればよかった。

しかし、どうやらメーカーや小売業が商品の持つ価値を勝手に値踏みして、それを消費者に押し付ける時代は終わりに近づきつつあるようだ。消費者の視点で、消費者の価値を尺度にして価格を決める時代に至ったのである。

それでは、消費者優位の時代になったかといえば、そうとも言い切れない。モノが売れなくなった時代であるからこそ、生産者が意識的に消費者に歩み寄ったにすぎないという面もある。マイモード消費が広がっているといっても、消費者の商品選択の基準は生産者が示している。消費者の選択の幅を広げたにすぎないとの見方もできる。

マイモード消費を経済システムとの関わりで高く評価するのは、早計である。それよりも、消費者の意識変化の過程としてとらえるほうがすっきりする。

私たち日本人はこれまで、周囲の人の思惑や眼差しを気にしすぎて、ちまちまと生きてきたきらいがある。それが、消費の分野とはいえ、自分なりの尺度を持ち、自分なりの判断で行動するようになってきた。自分なりの価値観を大切にすることで、人生の満足度が高まる。

自分が個性的に生きることとは、同時に他人の多彩な生き方を認めることでもある。こうして共感の輪が社会に広がる。個性的な生き方をする人たちで構成されている社会は、きっと表情まで豊かな社会であるにちがいない。

第五章　消費社会から成熟消費社会への道筋

第一節　「人口減少社会」がやってくる

日本の社会はいま、人口問題で深刻な事態に直面している。子どもの数が減っていく少子化現象と、老齢人口が増えるという高齢化という二つの潮流である。先行する形で進んできた高齢化に少子化が加わることで、二つの潮流は、一つの大きな新しい流れとなった。「人口減少時代」の到来である。本格化する「人口減少社会」は、私たちが築いてきた経済や政治、社会の仕組みや運営のルールなどを設計図から書き直すことを迫る。

人口が減るのは二〇〇七年から

厚生労働省の研究機関である人口問題研究所が二〇〇二年一月に発表した「日本の将来推計人口」によると、日本の総人口は、二〇〇六年に一億二七七四万人とピークを迎えその後減少していく。二〇五〇年には一億五九万人まで減る見通しだ。そのままのペースが続くと、二一〇〇年には六七〇〇万人まで減るという。

日本の人口は、江戸末明の一八三〇年代ごろからほぼ一貫して増え続けてきた。最近の二〇年間では、一三〇〇万人も増えている。それが、なぜ減少に転じるのか。その要因は幾重にも重なっているが、直接的な要因は、出生数の減少と死亡数の増加である。

年間の出生数は、一九七三年の二〇九万人をピークにしてそれ以降減り続けており、最近では一二〇万人を切った。今後は、七〇年代前半に生まれた団塊ジュニア層の出産で二〇〇〇年前後には少し回復するが、その後は再び減少して二〇一六年には一〇〇万人を切る見込みだ。

子どもの数が減るのは、要するに出産数が減ったからである。一人の女性が生涯に産む子どもの数を「合計特殊出生率」というが、この数字が人口動向のカギになっている。

合計特殊出生率が二・〇八ないと、人口を維持できない。それなのに、二〇〇一年には一・三三と過去最低になった。人口問題研究所は、その後緩やかに上昇するものの長期的には一・三九で安定するという。そうなると、年間出生数は二〇〇一年の一一七万人が二〇五〇年には六七万人と半分近くになる。

死亡数は、一九七九年の六九万人以降少しずつ増え、最近では九〇万人前後である。それが、二〇〇〇年には一〇〇万人を超え、二〇一六年ごろには一五〇万人になると予測される。死亡数が増える背景には、このところ長くなってきた平均寿命の伸びがほぼ限界に達したことがあげられる。出生数が死亡数を上回る年が二〇〇六年ごろまでとみられ、それ以降逆転するので、人口が減少するというわけである。

非婚化、晩婚化、晩産化

少子化は、未婚の女性が増えたことと結婚が遅くなったことが原因である。未婚者は二〇代後半の女性で五割に達している。一〇年前には約三割だった。三〇代前半では、この一〇年間に一割から二割に増えている。

平均初婚年齢も、二〇年前と比べると、男女とも一・五歳ほど遅くなっている。すなわち、未婚化と同時に晩婚化も進んできた。いまや、大半の人が一度は結婚するという「皆婚社会」は崩れつつあるといえよう。

人口問題の側面からすると大変な事態だが、個人の生き方という視点では悲観すべきことでもあるまい。多くの人は何歳で結婚、何歳で出産という、世俗的で画一的な一生にとらわれずに、それぞれの人生観にもとづいて自分の人生は自分で描くという社会になってきたともいえるからだ。

先進国ほどこうした状況が顕著である。豊かな社会を実現した日本も、ようやく欧米並みになったといえなくもない。すなわち、女性の高学歴化、女性の就業率の高まり、男女の機会均等化などによって、女性の社会進出が進展したことが背景にある。高度消費社会に生きる人々は、男女を問わず、出産や子育てよりも個々人の消費生活を優先させようとする。

結婚制度への反乱ともとれる最近の女性の行動は、このように説明できる。女性は、結婚で仕事を辞めることによる所得の喪失と、所得水準の高い夫と暮らすことによる経済的メリットを天秤にかける。女性の所得が増え、夫との格差が縮まるにつれ、家事、育児の負担を妻が抱えるケースが多い結婚の価値が下がる。かくして、女性の所得水準と結婚の価値は逆比例の関係となる。

もっとも、最近の結婚観の変化は、たんに経済力の向上や女性の仕事優先志向の強まりだけでは説明しきれない。ひところよりも女性の負担は減ったという見方は錯覚で、高齢者介護などの負担は主婦に重くのしかかっている。女性はそれを感覚的に察知して結婚をためらうのではないだろうか。

猛スピードで超高齢社会に突入

もうひとつの潮流が高齢化である。一般的に高齢化社会とは、六五歳以上の高齢者の人口が七％を超えている社会、一四％を超えると「高齢社会」だと定義されている。

日本の場合、一九五五年ごろまでは五％程度と安定的に推移していたのが、平均寿命が伸びるにつれて、その割合が高まり七〇年に七％を超えて高齢化社会に突入した。その後もそのスピードは衰えず、二〇〇一年時点の老年人口の割合は一七・四％にまで高まった。それが二〇二五年に二八・七％に、二〇五〇年には三五・七％になる。

老人人口の割合は、現段階では米国より高いが、ドイツや英国など欧州の先進国とそれほど差はない。しかし、問題はスピードにある。西欧では五〇〜六〇年かかったのが、日本ではわずか二五年ほどで高齢社会に到達した。

頭の痛いのは、高齢化の進展に一段と拍車がかかることである。日本ではほんの数年で二〇％という高水準になる。この間、欧米先進国では一〇％台後半から二〇％前後でピークを迎える。すなわち、日本は高齢化の速さと水準の高さで群を抜いている。

二一世紀前半にも、日本は世界に冠たる「超高齢社会」になる。このころには、日本は爺さん、婆さんの国として世界的に有名になるはずだ。

人口減少社会の姿とは

少子化と超高齢社会が二重写しとなる人口減少社会は、どのような姿なのだろうか。地方の過疎地域をイメージすればいい。そこでは、子どもや若者が町や村を去り、老人だけが取り残されている。年少人口の減少は農業や商店の後継者難や青年の結婚難を助長する。人口が減ることで、地域の財政赤字が膨らみ、教育、医療、防災などの行政サービスが低下する。祭りに代表される地域の伝統行事の存続が危うくなり、地域社会の活力が失われる。

こうした状況が国レベルで起きる。すなわち、経済の成長力が抑制され生活水準の向上が妨げられる。具体的には、つぎのような状況が起きるだろう。

①労働力人口の減少――一五歳から六四歳までの生産年齢人口の減少は、経済成長力を低下させる。

②年金、医療など社会保障費の負担増――生産年齢者の高齢者の扶養負担は、五人で一人の老

人を養う現在の水準から二〇一〇年には三人で一人、二〇二五年には二人で一人という水準になる。

③労働生産性の低下——若者が減り、高齢者が増えることは、人的能力の質的低下につながる。若い頭脳の絶対数の減少は、技術革新の進展に影響する。

④消費の落ち込み——高齢者の消費行動は概して保守的で、新製品や流行への関心が低い。消費が低迷し、経済成長が阻害される。

⑤老人支配による経済的活力の低下——社会や政治の分野で高齢者の支配力が強まり、若者の意欲がそがれ社会の活力が失われる。

歴史上、人口が減る国で長く栄えた国はないといわれる。そうだとすると、私たちはいまから人口減少時代の到来に備える必要がある。従来のような、人口が増えることを前提として形成された経済や社会の仕組みを根本から改めなければならない。

意識変革も求められる。すなわち、個々人のさまざまな生き方を認め合って、お互いの能力や人間性を高め合うような社会を目指さねばなるまい。

それは、男女が役割を分担する「男女共同参画社会」であったり、「若者と高齢者との共存社会」であったり、「健常者と障害者の共存社会」であったりするだろう。当然のことながら、経済成長が低下するなかで、そうした社会を実現するためのコストを誰がどのようにして負担するのか、が改めて問われるだろう。

人口が減少する社会では、一人ひとりが大切な存在になる。そのためには、個々人の能力を高め人間性を磨き上げるような教育が最優先の課題となる。いますぐにスタートしなければ、私たちは暗くて憂鬱な社会を迎える羽目になるだろう。

第二節　「郊外の時代」の現実

いま、「地域の時代」とか、「地方の時代」といわれる。日本の経済、社会の問題が、地方や地域にしわ寄せされており、そこに光を当てるべきだということだろう。しかし、むしろ人口が東京や大阪など大都市周辺の郊外地区に集中しているほうにこそ、豊かな経済社会の矛盾が集約されているのではないだろうか。

半数が郊外住民

どこからどこまでを郊外とみるのか、その範囲を定義するのが難しいが、たとえば、東京の三多摩地区、千葉県、埼玉県、神奈川県を東京の郊外だとすると、その人口は約二三〇〇万人になる。これに、大阪と名古屋の近郊都市、札幌、仙台、広島、福岡などの地方中核都市、その他の中小都市の周辺部に形成されている郊外の人口などを加えると、日本人のほぼ半数近くが郊外の住民ということになる。

郊外住民がふえたのは、戦後の経済発展と密接に関係がある。経済成長は、日本列島にかつてない大規模な人口移動をもたらした。大都市と臨海工業地帯に、地方から大勢の人が移ってきた。地方の市町村は人口が過疎になってきた代わりに、都市とその周辺は、人口が過密になった。都市部の地価の高騰により、都市が周辺部に膨張するかたちで、大都市圏で郊外地区がじわじわと広がってきた。

郊外住民の多くは、時間をかけて東京や大阪の会社に通う。通勤時間は東京圏で片道平均約一時間一四分、大阪圏、名古屋圏でも一時間を超す。二時間以上の人も少なくない。毎日、往復、三、四時間も「痛勤電車」に苦しめられる。

当然のことながら、寝に帰るだけの地元への関心は薄い。それが、「神奈川都民」「千葉都民」「埼玉都民」といういい方にあらわれている。ベッドタウンである地元のことよりも、東京のニュースに関心を持つ。近所づきあいが少なく、住民間のコミュニケーションはほとんどない。

郊外住民がふえるにつれて、都心部の空洞化が目立つようになってきた。昼間は人で溢れるビジネス街は、深夜にはゴーストタウンになる。週末も同様である。都心のビジネス街はがらがらになり、サービス産業は商売にならない。デパートにしても、週末の東京では、新宿、池袋、渋谷は郊外から遊びに来る人が多いが、銀座や日本橋はさえない。

米国の五〇年代

郊外生活は、米国が先輩である。一九五〇年代に郊外化が急速に進んだ。芝生のある生活、自動車、ショッピングセンター、電化生活、フットボール、カレッジライフ……。

これをもたらしたのは、当時、世界を圧した米国の経済力である。このころ、米国の国民総生産（GNP）は世界の四〇％を占めた。自動車の生産台数は、世界の七五％だった。テレビ、冷蔵庫は、ほとんどの家庭に普及した。労働時間が短くなり、レジャーが活発になった。

米国の五〇年代は、豊かさを実感できた素晴らしい時代だった。郊外には大型ショッピングセンターやゴルフ場がふえ、自家用車を主役とする郊外型中流階級の生活様式が確立した。この時代の郊外生活はしばしば映画や小説の舞台になり、こんなアメリカンライフに世界中が憧れた。

このへんの様子を米国の社会学者のリースマンが著書『何のための豊かさ』に詳述し、かつ鋭く批判している。

「アメリカの大都市周辺の郊外には、必ずしも厳密な意味でのコミュニティはない。むしろ自動車が勝手に走り回る結果、人びとはあちこちに分散し、友人関係だの、お互いにつながった感覚だのは、容易に結ぶことができないのだ」

豊かさの矛盾が集約

日本も豊かな社会を実現した。しかし、経済的に豊かになったといわれても、その実感はない。

狭い住宅、長い労働時間、高い物価、ひどい通勤事情、劣悪な教育環境……。これらが、本当の豊かさを享受できない要因である。

もちろん、これらは日本全体の問題ではあるが、より郊外の住民に大きくのしかかる。とりわけ、遠隔化した住宅地、苦痛な通勤時間、かさむ住宅ローンは、郊外住民に共通する頭痛の種である。郊外住民こそ、豊かさやゆとりのなさを、もっとも切実に感じているといえる。経済大国の国民が豊かさを実感できないという事実は、まさにこの郊外の〝貧しさ〟に起因している。郊外はいまや、日本の縮図なのである。

郊外の街のイメージは、高度経済成長期に開発された東京周辺に見られる。具体的には、横浜市緑区、川崎市宮前区、麻生区や町田市、多摩市などである。これらの地区は、「大量生産された山の手」「大衆化した山の手」である。ここにはかつてのエリート性はなく、戦後の日本人が、自分たちの生活のモデルとして目標にしてきたアメリカ型の大量消費社会の生活様式を実現してみせたという意味では、戦後固有の「山の手」である。

ここには、「情報に敏感なほうで、新しい製品を試したり店に行くのが好きだ」という主婦が多い。この地区における消費が「見せびらかし」の性格を有していることがわかる。多くの主婦にとっては、単に物を所有するだけでなく、生活のスタイルをみせることに関心が向かうのである。

人々の年齢は概してまだ若く、主婦が消費の最前線にいる。長時間の労働と通勤は、父親を家庭から遠ざける。夫も子どもも不在がちの家の中に、主婦だけがいる。閉塞的で刺激のない生活である。郊外という離れ小島にいる、まだ若くて活力のある女性は、徐々に活動の範囲を広げる。郊外での生活は、多様で複雑な問題を抱えている。それなのに、日本では郊外の問題について本格的な研究に乏しい。米国では、社会学者や経済学者が郊外を研究対象にしてきた。米国の郊外は、都市とは異なる独自の文化や生活様式をもつ空間であるからだろう。日本の場合は、学問上から研究対象にとりあげられることがほとんどない。日本の郊外は、大都市がなしくずし的に外に膨張しただけだから、郊外特有の問題は必ずしも存在しないとみるからだろう。

わたしたちが真の豊かさを享受するためにも、郊外研究にもっと力がそそがれ、その成果が行政に反映されることこそが望ましい。

第三節　消費者のための規制緩和とは

「規制緩和」が、声高に叫ばれている。この言葉が新聞紙上に登場しない日は、めずらしい。日本経済の構造改革という立場から、金融、通信、運輸、流通の各分野の公的規制を見直そうというわけだ。規制緩和に対する社会の期待と関心が高まっているものの、その前途はきわめて多難でもある。

膨大な規制の網

ある事業者が事業を営むにあたって、各種の規制をクリアーするには、役所にいくども足を運ばなくてはならない。許可、認可、免許、承認、届出、報告、交付、申請と、それぞれの段階を突破する必要がある。

許認可形態の複雑さも度を超している。許認可と一口にいっても、許可、認可、免許、承認のほか、認定、確認、証明など二〇以上の事項が存在し、こうした形態の複雑さが規制をより不明瞭にしている。

さらに、行政指導といった目に見えない規制もある。これに地方公共団体や政府外郭団体の規制なども含めると、その数や内容の複雑さは想像を絶するものとなる。厄介なことに、その解釈や運用は、地域や担当者によってかなり違う。「まぁ、いいだろう」の判断の基準が、必ずしも明確ではないのだ。

どこが問題か

これらの規制は、「社会的規制」と「経済的規制」にわけることができる。社会的規制は、国民の健康および安全の確保、環境の保全や災害の除去を目的としたものだ。社会的見地に立った規制は、原則としては、必要だといえるだろう。

問題は、経済的規制のほうだ。経済的規制は、市場の自由な経済活動に委ねていては、事業活動にさまざまな歪みが生じるために、それを補い経済効率を高めることを目的にしている。そこでは、事業活動への参入や価格等の供給条件をコントロールする「参入規制」と「価格規制」が、主な規制手段になっている。

参入規制の主なものとして、電気、都市ガス、水道といった公益事業における許可制に加えて、鉄道、航空、海上輸送、道路運送、倉庫業など運輸分野における免許・許可制や、銀行、保険、証券など金融分野における免許制、郵便、通信、放送分野における許可・免許・届出制、流通分野における許可・登録制があげられる。価格規制については、公益事業における公共料金、運輸、通信・放送分野の認可制が代表的である。

問題は、社会的規制と経済的規制を区別することは必ずしも容易ではないことだ。つまり、経済的制約を伴う規制新設の根拠が、国民生活の福利厚生の増進、健康の確保など社会的規制に求められる場合が少なくないからだ。

政府は「経済的規制は原則撤廃」を打ち出しているが、規制緩和を進めるにあたっては、現存するすべての規制を明確化すると同時に、その全部を例外なく見直しのテーブルにのせることが前提条件となる。

規制の多くは、表面上は「消費者保護」を名目にしておこなわれる。本来は品質の不確実性に対して、消費者保護を目的にして設けられたはずである。それなのに、それが過去の惰性で生き残るとき、規制によって保護されるのは消費者でなく企業の既得権そのものとなる。

規制の問題点は、おおむね次のようになる。これらは、いずれも消費者の利益を損なう。

一、規制のもとでは、事業者間の協調的な行動が醸成されやすく、競争制限的な体質が助長される。

二、規制による市場の人為的な介入は、一般的には産業構造をゆがめ、市場メカニズムを通じた資源の適正な配分をそこなう。

三、価格規制や需給調整につながるような参入規制は、業界の既得権益の擁護に結びつく恐れがある。

四、規制が不透明な場合には、運用について適正なチェックが働きにくい。

内外価格差の要因に

デフレの進行で価格が下がりつつあるが、それでも日本の物価水準は欧米主要国よりも一〇～三〇％ほど高いだろうといわれる。

内外価格差の原因には、さまざまな要因が複雑に重なる。貿易財として国際競争にさらされている耐久財での内外価格差はほとんどないが、さまざまな規制に守られた食料品、流通経路が複雑な衣類、海外との競争のない公共料金や土地関連分野は格差が大きい。

日本の産業界にもエネルギー、建設、中間部品、人件費といった生産面での内外価格差が日本産業の国際競争力をそこなっているとの認識が広がってきた。これは一方では製造業の海外移転を、他方では生産面でも外国製品やサービスを購入する動きを促進する。

内外価格差の存在はいまや、「豊かさの実感」という消費者の問題だけでなく、「日本国内で生産すべきかどうか」という産業立地にかかわる問い掛けを産業界に投げかけている。内外価格差の解消の視点から、産業界も消費者と同様に、規制経和に強い関心を抱いているのである。

もちろん、規制を線和したからといって、一挙に内外価格差が是正されるわけではない。しかし、規制緩和により、外国製品の輸入がさらに促進される一方、さまざまな分野で新たなビジネスチャンスが生まれれば、新規に参入する企業が増える。競争が活発になり、市場メカニズムが有効に作用することが、内外価格差縮小のための基本的方策として必要なのである。

「痛み」をどう分かち合うか

規制緩和の効用と必要性は要約すれば、①日本の産業構造の改革を促す ②内外価格差の縮小などを通じて国民生活の質の向上を図る ③国際的調和を図る ④行政の責任範囲を縮小し行政運営の公正と透明性を確保する——となる。

規制緩和のこのような必要性について、正面切って異論をとなえる人はほとんどいないだろう。しかし、これほど「総論賛成、各論反対」のはっきりしている問題もあるまい。一般論としてはみんな賛成するが、現実に自分の関係している分野の話になると、ほとんどの人が「そうはいっても」と尻込みしてしまう。

規制緩和を進めていく過程では、当然のことながら、雇用問題の悪化という難問に直面する。これは、規制緩和が既得権の見直しという現在の経済体質の変革そのものであることから、むしろ当然ともいえる。しかし、こうした痛みをみんなでわかち合う覚悟がないと、規制緩和は暗礁に乗り上げる。小泉改革が遅々として進まないのも、雇用問題の「痛み」についてきちんとした対応策が打ち出せないからである。

変化に伴う「痛み」を恐れていると、近い将来に訪れるより大きな「悲劇」にぶつかるだろう。しかし、消費者の視点に立てば、規制緩和を避けて通ることはできない。

消費者が規制緩和の恩恵にあずかるには、多様化したサービス、価格を自分自身の責任と判断で選択しなくてはならない。その意味で、消費者の側にも自己責任への意識の確立が強く求められていることも指摘しておこう。

第四節　「競争」がキーワードの時代

経済活動に競争はつきものだ。競争によって価格メカニズムが働き、市場経済が円滑に機能する。日本の経済社会はこれまで競争原理に全幅の信頼を寄せず、役所頼みの官民協調型の経済システムに依存してきた。それが、ここにきて、様相が変ってきた。

競争は「国際基準」

いまのヒト、モノ、カネ、情報が自由に行き交う大競争（メガ・コンペティション）時代では、競争が「国際基準」（グローバルスタンダード）となる。

「競争」がキーワードとなる時代では、戦後日本の経済発展の仕組みを、長い間形づくってきた制度的枠組みの変革が迫られる。競争原理が日本の経済風土に定着してくれば、国内の諸制度や文化、ひいては人々の物の考え方にまで影響が及ぶ。

私たち人間は生存していく限り、好むと好まず、意識するとしないにかかわらず、いろんな場面で競争する。競争は人間のあらゆる活動領域で見られるが、これが日常的に最も先鋭的な手段として機能しているのが経済領域である。

欧米の主要先進国では、市場での競争を通じての経済調整が最良であるという考えが社会的合意として成立している。この場合の「競争」はいわば経済的概念だが、社会的概念としての広がりも持つ。

社会は異なる才能、利害、意見を持つ異質な個人から成り立つ。それぞれが自己を拡大しようと人と競争することで、社会全体が進歩する。個人主義と自由主義こそ、民主主義の基礎である。

自立した市民の自由で平等な活動としての競争が、民主主義と不可分であると考えるのである。

欧米先進国では、経済活動だけでなく社会活動のいろんな側面で詳細で明確なルールが確立している。ルールに違反しない限り、どのようなプレーをしても許される。競争は、「結果の不平等」を受け入れることを前提に展開される。どのような結果になるにしても、スタートラインでは誰にでも平等に勝つチャンスが与えられていること、つまり「機会の平等」が大切とされる。

日本の場合、物事は、ルールの融通無碍な解釈と運用で処理されることが少なくない。ルールはあいまいなままにされ、ルール外の規制、行政指導、慣行などによる調整が好まれる。競争を認めはするものの、それは「必要悪」としてである。

生産者と消費者がそれぞれに利己的な利益に基づいて行動しても、競争的市場と自由な私益追求によって資源配分は「効率的」に配分される。生産者や販売業者は、費用の削減や価格引き下げの努力を行うので、結局は消費者の利便に寄与する。これが、市場メカニズムを主張する立場である。

競争の概念を学問的に解明したのが、英国の経済学者、アダム・スミスである。自由で競争的な市場では、どの個人もが自分の個人的な利益だけを利己的に追求する過程で、あたかも「見えざる手」に導かれるかのように、全体にとって最善の事態が達成される。私たちがパンや肉をほどほどの価格で入手できるのは、パン屋や肉屋の慈悲によるものではなく彼ら自身の利己心によるのだ。

日本人の競争感覚

バブル崩壊後の一九九〇年代初めごろから、経済界の競争に対する感覚に変化が生まれてきた。それまでは、経団連首脳には、「競争より協調」の考えが強かった。鉄鋼や電力など寡占体制の業界が主導権を握っていたことも影響している。

日本の社会ではこれまで長い間、維持や安定といった価値のほうがプラス・イメージで語られ、競争や変化はマイナスの価値だった。多くの日本人は、競争よりも協調のほうに価値を見出す。協調性と集団性は、日本民族の特性とみられている。日本の風土は、気候的には温暖湿潤であり、稲作農業に適している。稲作は、水路や畦の建設から農業用水の管理にいたるまで、個人や家族の単位を超えた共同作業を必要とする。ここでは、村落共同体の協力が欠かせない。

明治以来の近代化の過程でも、「富国強兵・殖産興業」の旗印のもと、経済活動は官民協調体制下で推進された。戦後は、個々人の能力評価に差をつけない学校教育により、集団の協調を美徳とする雰囲気が社会に醸成された。これは、「会社主義」を助長し企業の効率を上げるのに、それなりの効果があった。

野口悠紀雄東大教授は、平等主義と競争否定が戦後日本の基本的な思想基盤だと主張する。「平等主義思想が、競争を否定し、日本の経済社会の規制体質を決定的なものにした」という。このような敗者を出さないための制度や仕組みは、数多い。破綻する金融機関を出さないことを前提にしてきた金融行政における「護送船団方式」は、競争否定・平等主義のほんの一例だ。行政当局は、競争が行きすぎると事業者が共倒れになり業界全体ではマイナスになり国益を損なうと考えるのである。

どこまでが過当競争か

しかし、既存企業にとっては「過当」であっても、新規の参入者には「正当な」競争かもしれない。共倒れの危険についても、競争はやってみなければ、どの企業が最も効率的に財・サービスを提供できるかどうかはわからない。過当競争によって、経済全体として「二重投資」というムダが生じたとしても、それは効率的な企業を発見するためのコストであり、規制の弊害によるコストに比べて小さい。公平な競争の結果、特定の企業が淘汰されても、それは企業の自己責任であると考えるべきである。

産業界からの反論はある。日本の経営者は、つねにライバルの競争戦略に敏感であり、国際競争力の強化に意欲的だ。日本経済は、たえず競争の場を拡大させ、競争の形態を多様化させながら、ダイナミックに発展してきたという理屈だ。

国際競争の波に洗われているエレクトロニクス、自動車、鉄鋼、化学などのように、系列の子会社を巻き込んで激しい競争を繰り広げてきた産業分野は少なくない。しかし、多くの業種は、規制に守られた「仕切られた市場」での競争である。

これまでの日本人の競争感覚を見るかぎり、日本は「カルテル王国」としての条件を備えていた。「談合」が続発するのも、日本人の特性の所産といえなくもない。しかし、経済が成熟化し、国際化が進展しつつある現在、競争否定を前提にした日本の制度は、あちこちで破綻しはじめている。

競争に勝るシステムはあるのか

競争を通じて、多様な商品とサービスがより安く提供され、消費者に利益をもたらす。消費者にとって、最大の味方は公的規制ではなく自由で公正な競争ができる市場である。

もちろん、競争にはいろいろな弊害がある。なによりも、競争が前面に出る社会は、優勝劣敗がはっきりするため、社会の雰囲気はぎすぎすしたものになる。競争がかえって社会に混乱をもたらすこともある。

競争をしないで協調することで経済運営が円滑にいけば、それに越したことはない。しかし、右肩上がりの成長が見込めなくなったいま、それは期待できなくなった。

現代の資本主義体制のもとでは、競争に変るよい方法はみつからない。競争社会はベストではないが、意欲的な人々には、それほど悪くはない。なによりも、競争を否定した社会では、「悪平等」がはびこり、努力したものが正当に報われず、社会に活気が生まれない。鬱積した空気が社会を覆い、閉塞感が強まる。

いずれにしても、競争の弊害を認めつつ、好むと好まざるとにかかわらず、日本も社会システムの変革を図らざるをえない。敗者復活できる雰囲気を醸成しつつ、競争を通じてのびやかで開放的な社会が構築できないものだろうか。

第五節　「平等社会」が揺らぐとき

日本は、世界でもまれな「平等社会」である。所得や資産の格差はあるが、欧米の先進国のように貧富の差はそれほどひどくない。職業、財産、教育など、すべての分野で、ほかの人より抜きん出ている人はあまりいない。日本における階層は、生まれながらの身分ではなく、きわめて流動的である。

一億総中流意識の虚実

総理府が毎年調査する「国民生活に関する世論調査」によると、日本人の大半は、自分は中流階層だと思っている。この調査の「お宅の生活程度は、世間一般から見てどの程度と思うか」という質問に対する回答を見ると、「中流」と答える人が一九六七年に八九・一％となったあと、現在までほぼ九割を維持している。

必ずしも豊かではなかった時代からそうであるのは、中流意識の尺度が職場や隣近所などごく身近な世間一般との相対比較によるからである。

日本人の人生観や処世訓には、「世間並み」や「人と同じ」に生きることが望ましい、という考えがある。こうした考え方は、目立つことをよしとしない消極的な生き方や遠慮がちの快楽主義にもつながった。しかし、同時に「他人に遅れるな」という上昇志向のエネルギーの源泉ともなった。

人々は、他人と同じという画一的なライフスタイルを追い求めることに専心した。そうして、それが現実になった。人々はそれを実現しようとする自分とそれが実現できる社会に満足感を抱いたのである。

戦前の日本に明らかに存在した社会階層は、戦後の経済発展にともなって事実上、消滅したといえる。「人と同じ」という平等意識は、戦後の経済発展を支え、政治の安定、社会秩序の維持をもたらした。一部の人々だけが高い生活水準を享受するのではなく、ほどほどの生活水準が広い社会階層に行き渡ったのは経済成長の果実である。

ところが、長引く不況と社会構造の変化によって、いま、この平等社会が大きく揺らいでいる。

平等社会の逆説

日本は所得格差が小さい「平等社会」を築き上げたことは、世界に誇るべき成果であるが、個性のない横並び意識の強い社会でもある。同時に、「不平等感」を募らせる社会でもある。これこそ、平等社会のパラドックスである。

劇作家の山崎正和氏は、この点を巧みについている。「第一の問題は、社会の平等化が必然的に含んでいる逆説であって、人間は一般に平等化が進めば進むほど、かえって残された不平等に気づいて嫉妬に苦しむ。第二の問題は、……隣人の具体的な顔が見えないために、かえって社会全体という抽象的な存在が見えすぎる、ということだ」（『柔らかい個人主義の誕生』）

人々が不安な気持ちに追いやられるのは、一般に社会秩序が急変する時代である。日本は急激に豊かになったがゆえに、こんなパラドックスに陥ったのかもしれない。

平等感を支えた仕組み

日本が「平等社会」を達成したのは、なんといっても経済が右肩上がりで推移したからである。もちろん、分配の不公平はあるだろうが、経済成長の果実はほぼみんなに行き渡ったのである。

社会の制度や仕組みも平等感の広がりに一定の役割を果たした。ひとつは、終身雇用や年功序列型賃金を軸とする日本的雇用慣行である。この仕組みは、先進国に追いつくには都合が良かった。企業内部において、信頼関係が醸成されやすく同質的な人間を生み育てた。労働者にとって、雇用が長期にわたって安定的に保証されることから生活上の不安がなく生活設計が立てやすいというメリットがある。年功序列型賃金だと、個々人の給与は能力が十分に反映されない反面、企業内で平等感が保たれてきた。

もうひとつは、税制である。日本の所得税率は、先進国では突出して累進度が高い。高所得者ほど、高い税率を適用される。このため、税引き後の所得格差が縮小され所得の平準化をもたらす。相続税の累進度も高く、世代間の資金格差の拡大を防ぐ役割を果たした。また、年金制度は高齢者の所得の平準化に役立った。

土台が揺らぐ

ところが、バブル経済の崩壊により、「平等社会」を支えてきたさまざまな仕組みが壁にぶちあたっている。右肩上がりの成長が止まったため、終身雇用、年功序列、といった日本的経営が維持できなくなった。

財政危機が叫ばれるなか、税制も改変が迫られている。中長期的にみても、景気の先行きに明るさが期待できないだけに、累進性の高い所得税中心の税体系から消費税を軸とする間接税に比重を移さざるを得ない状況だ。所得の低い階層への負担がふえれば、人々の不平等感に拍車がかかる。

こうした状況をみれば、日本社会はこれまでのように「平等社会」を維持できなくなる。そうなれば、社会の安定が保てなくなり社会不安が広がるだろう。

第六節　「ＩＴ革命」で消費者主導型システムに⁉

物理学者のニュートンによると、あらゆる物体の挙動は「重力の場」に支配される。このニュートン力学の表現を借りると、現在の日本の社会を規定しているのは、ＩＴ（情報技術）革命でもたらされた「ネットの場」である。産業社会は、いやおうなくそこからの重力を受けている。

「革命」という名の大潮流

ＩＴの最大の特徴は、データ処理を中心に発展してきた情報処理技術が通信ネットワークに結びついてコミュニケーション手段としての機能を持ったことである。つまり、「ネットを利用した情報技術」だ。これによって、ＩＴは社会を変革する画期的なツールとなった。

ＩＴ革命は、一八世紀後半に英国で始まった「産業革命」に匹敵するほどの奥行きと広がりを持つ。産業革命は、経済社会を根底から揺さぶり社会の姿を一変させた。ＩＴ革命もまた、経済的な影響だけでなく人々の意識や行動にも影響を与え、社会や政治の仕組みを変革するほどの起爆力を持つ。

ＩＴ革命の中核が、インターネットである。インターネットは、いうなれば端末機の結合体である。その情報端末の技術で、日本は世界の最先端を走っている。ＩＴ革命で米国に大差をつけられた日本だが、追いつくチャンスがある。端末機器の開発とその普及ぶりで抜きん出ているからだ。

たとえば、ＮＴＴドコモが開発した「ｉモード」は、携帯電話によるネット接続を世界で初めて実現させたもので、いつでも、どこでもインターネットとつながる理想的なモバイル（移動体通信）として有力視されている。ほかに、デジタルテレビやゲーム機器もインターネット端末の役割を果たす。それに、中間層の広がりや国民の平均的な教育水準なども考え合わせると、米国と並ぶ「インターネット大国」になれる可能性もある。

日本にもＩＴ革命の波

米国に大きく出遅れた日本経済だが、二一世紀に入ってキャッチアップの態勢が整いつつある。最大の理由が、パソコンの普及とそれに伴ったインターネットへの関心の広がりである。

二〇〇一年版の『情報通信白書』によると、二〇〇〇年のインターネットの世帯普及率は三四％（前年一九％）、利用人口は約四七〇〇万人（同二七〇〇万人）である（グラフ参照）。最近では携帯電話などパソコン以外の機器からインターネットにアクセスする利用者も増えており、このまま推移すると二〇〇五年には日本のインターネット人口は八七〇〇万人にまで増加することが見込まれる。こうした数字は、ＩＴ革命を受け入れる社会的基盤が整ったことを示す。

我が国におけるインターネットの普及状況

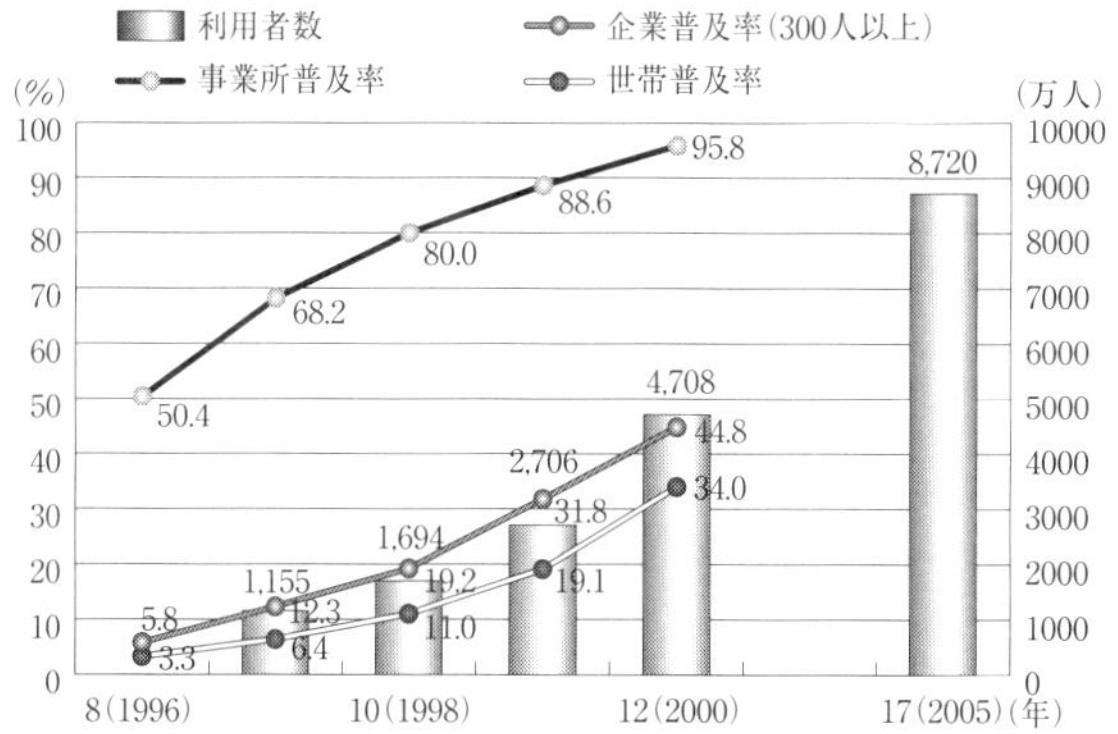

※1 事業所は全国の（郵便業及び通信業を除く。）従業者数5人以上の事業所。
※2「企業普及率（300人以上）」は全国の（農業、林業、漁業及び鉱業を除く。）従業者数300人以上の企業。

産業界の意識の高まりは、一般世帯を上回る。多くの経営者は、ＩＴ革命の進展度で米国経済と差があるという実感を抱いていたが、ここにきて米国で起きているＩＴ革命の状況がかなりわかってきた。同時にＩＴ革命に乗り遅れると、「勝ち組」に入れないという危機意識が高まってきた。

日本の産業社会は目標を決めるまでは時間がかかるが、いったん決まればいっせいに駆け出す。今回の長期不況の局面ではやや手間取ったが、過去何回もの危機を環境変化へのすぐれた適応力で乗り切ってきた。いま、その能力をようやく発揮しようとしている。

本格化する電子商取引

インターネットによる電子商取引に対応できない企業は取引をしてもらえない――。米国を追って、日本でも電子商取引が広がりを見せている。

電子商取引（〝e〟コマース）は、大きく二つのパターンに分けられる。ひとつは、Ｂ ｔｏ Ｂ（Ｂはビジネスの略。企業から企業へ）といわれる企業間の電子商取引である。これは開発費の削減や部品調達の効率化を促し、企業間の取引コストはかぎりなく安くなる。企業同士が相互にネットワークでつながり、企業は得意分野（コア・コンピタンス）に経営資源を集中する。取引相手は世界中から時間、場所を選ばずに仕事を求めてくる。これに対応できないと、企業は生き残れない。

企業間競争のパターンも変る。系列の囲い込みや継続取引相手との関係強化といった従来型競争から、柔軟な連携、協力を前提としつつコストを追求する競争に移っていく。

〝e〟コマースには、もう一つＢ ｔｏ Ｃ（Ｃはカスタマーの略、企業から顧客へ）という分野がある。ニュース、音楽、写真、ソフトのインターネットのダウンロード販売にかぎらない。ネット上での発注、決済を済ますネット取引の拡大である。

購入者はインターネット上の情報を見て発注する。メーカーはその発注に応じて発送する。発送したら、ダイレタトに消費者に届く。そうなると、その間の小売り、卸しが一切省かれる。ネット取引でもっとも期待されるのが、当面は金融分野だろう。この際、代金決済には銀行などが発行する「電子マネー」が介在する。この「電子マネー」は、加盟店であればどこでも使える。財布を持たなくても、ＩＣカードに収められた金銭データのやりとりだけで支払いができ、商店や銀行も小銭を数えることなくカードを専用読み取り機に通すだけで済む。これだけでも、私たちの消費シーンを劇的に変える。

日常の消費シーンが変る

このように、ITは生産システムの中で大いに活用されるだけではなく、人々の日常生活に欠かせないツールになる。自宅に居ながらにして買物ができる電子商取引は、「生活インフラ」に発展する可能性を秘めている。

電子商取引が消費マーケットの主軸になるとすれば、産業界は生産者の視点ではなく消費者（ユーザー）の視点に立たざるをえない。そうなれば、企業は顧客主導型ビジネスモデルの構築を余儀なくされる。

これまで企業は、消費者を大きな塊（マス）ととらえて製品づくりや流通網の設備をしていた。こうした状況だと、市場の不確実性が高くて、企業としてはある程度のリスクを負わないと新製品の開発ができなかった。

それがいま、企業はインターネットの端末につながっている消費者からの情報を瞬時に知ることができる。たとえば車のホームページを見て、消費者はどのような性能のどのようなスタイルの車に興味があるか、どのくらいの価格なら、いつ購入するかなどについて、ホームページに向かって情報発信している。企業には、顧客である消費者の年齢や性別、職業だけでなく、どのような趣味を持ち、どのようなライフスタイルに憧れているかといった情報もどんどん蓄積されていく。

そうなれば、企業はそれぞれの顧客に対してどのような商品やサービスを提供すれば顧客の購入意欲を満たせるかがわかる。これは、顧客をマスでとらえてリスクを負ってビジネスをしていたやり方とは大違いである。

ここでは、情報が企業から消費者にではなく、消費者から企業に流れる。消費者が必要とする商品やサービスを要求して、企業がそれに反応するというパターンになる。これは顧客主導型のビジネス構造である。

こうした機運が産業社会全体に広がれば、従来の生産者主導の経済構造は消費者主導型に変る――。

夜明けが近い

このＩＴ革命は、日本の経済全体に大きな影響をもたらしつつある。第一は、情報化投資がふえてきたことで、景気を左右する設備投資全体の安定的伸びをもたらしつつあることだ。第二は、ネット活用による企業の生産性の向上だ。企業の競争力が高まり、経済が活性化する。第三は、関連の分野で高い技術進歩をもたらすことだ。技術力の向上は、経済成長を長期にわたって下支えする。

消費者サイドからすると、ネット上で市場原理が機能し、商品価格が下落、それが消費を刺激し、価格下落を上回る新たな需要を生み出す――。そんな好循環ももたらす。

このように、いま、日本経済のいろいろな局面にＩＴ革命がマクロ経済の成長力を高めるメカニズムの萌芽が見える。なによりも、ＩＴ革命の足音が徐々に大きくなり、日本の産業界が自信を取り戻しつつある。

「ブロードバンド」（高速大容量通信）の急速な広がりという新たな潮流によって、いつどこでも情報を得られる「ユビキタス情報社会」の到来も指呼の間にある。便利になった半面、ネットワークを舞台にした犯罪や個人情報侵害などの問題も起きつつある。

心配の種もある。複雑な流通システム、企業同士の系列取引、規制の温存、硬直した雇用市場――。これらは日本経済の構造的な課題にほかならない。ＩＴ革命が革命にふさわしいだけの波及効果を発揮し健全な情報化社会を実現するには、私たちの意識改革はもとより規制撤廃や硬直的な流通システムなどの思い切った構造改革断行が欠かせない。

第七節　モノからトキへ――時間消費の経済学

「いい時間」といってもさまざまだが、日常生活で「いい」と感じる「時間」が多ければ多いほど、その人は人生の充実感を覚えるだろう。モノが溢れる消費社会ゆえだろうか、私たちはモノよりも豊かなトキを過ごしたいという気持ちのほうが強くなる。どうやら、時間に対する価値観が変ってきたらしい。

「いい時間を過ごす」

欧米人は日常の挨拶でよく「ハブ・ア・ナイスデイ」といういい回しをする。彼らには「いい時間」こそ、幸福感や人生の充実度を測る尺度である。

それに比べて、これまで多くの日本人は必ずしもそうは思わなかった。それより、多忙であることのほうにより大きい価値を見出す。挨拶の言葉も、「お忙しいですか」であることが多い。挨拶されたほうは、暇だとなんとなく後ろめたい思いがする。「小人閑居して不善をなす」といういい方もある。

それでも、ここ数年の間に、かなり変ってきた。とくに、若い世代や海外生活の経験のある人はそうだ。時間に対する意識や感覚は今後、より欧米人のそれに近づくだろう。モノが溢れる豊かな社会では、「カネ持ち」よりも豊かな時間を過ごしている人のほうがうらやましがられる。「トキ持ち」のほうが、人間としての価値があると見られるのは、むしろ当然というべきだろう。

時間価値が変る

こうした時間に対する価値観の変化の背景には、第一に日本経済のサービス化の進展がある。

高度消費社会に突入した日本の経済社会は、サービス業などの第三次産業に従事する就業者は、六〇％を超える。

サービス化が進んだ社会では、かつてのようなモノへの過剰な期待が薄れる。モノへの期待や所有の喜びが薄れる。いまや、「モノ持ち」は自慢にならない。人々の関心は、モノを買ったり所有することから、スポーツをしたり旅行などを「するコト」に向かう。つまり、新しい体験や気分になるような「いい時間」を持つことに、より大きな価値を見出すようになる。

第二は、労働時間の短縮により個人が自由に使える時間が増えたことだ。「働き中毒」といわれた日本人の年間労働時間は、不況が長引いたせいもあって、一〇年前より二〇〇時間も減っている。自由時間の増大で、日本人がレジャーで消費する八割がサービス、残りが商品といわれるようになった。

かつて「有閑階級」という言葉があったが、これは生産活動に直接タッチしない一握りの特権階級の別称でも会った。しかし、今は違う。社会の過半を占める中流階級でも、自由時間を楽しめる。カネがなくても、創意と工夫次第では、それなりに楽しむ方法を知っている。

余暇が増える、社会が変る

労働時間短縮に伴って、企業はより柔軟な労働力の確保をめざす。契約社員、派遣社員、パートタイマーなど様々な労働形態がふえるだろう。女性の職場進出も盛んになり、職場の雰囲気はこれまでと変る。男性の家事労働や育児の参加も促進され、家庭における男女の役割分担も変る。家庭で過ごす時間が増え、家族との交流が深まる。

当然のことながら、人々の勤労観や価値観も変る。仕事や会社よりも、自分のライフスタイルを重視しようとする傾向が強まるだろう。仕事中心、出世志向型の社員が減り、仕事はたんに経済的保証を得るためだけの手段とみなす層が膨らむ。仕事よりも余暇活動に自己実現の夢を託す人の数は、増えるとみていい。

自由時間が増えれば、家族や夫婦、地域の人との交流が進む。趣味や社会的活動を通じた人間関係が深まる。それぞれの個人が自分なりに自由時間の活用を工夫しようとするだろう。ボランティア活動など社会的に有用な活動を行う機運も醸成される。余暇時間は、自分だけが楽しい時間と社会と共有する時間に分化するのではないだろうか。

労働時間が大幅に減ることは、減った分の時間が家庭や地域社会にシフトすることを意味する。さまざまな社会的な役割から解放された個人の時間を意識することで、「個」の確立を促す。個人の自立が進めば、社会の価値観の変化ももたらす。

情報化と時間価値

情報化の進展により、人々の仕事の内容が変質してきたことも見逃せない。光ファイバーによって、世界中に大量の情報が高速に伝達される時代である。かつてに比べ、情報の処理・伝達スピードは飛躍的に向上した。

そうなると、凝縮された時間で効率的に働くことを強いられる。当然、ストレスがたまる。情報化社会では、ゆとりの時間をたっぷりとって、つぎの仕事への英気を養わねばならない。緊張と弛緩のリズムが必要となり、快適な時間への人々の欲求が高まる。

産業化の過程では、生産者は時間を生産活動に導入して、時間を管理することが経営課題だった。製造業が中心の時代は、生産者の都合で時間を決めることが許される時代だった。しかし、情報の処理伝達の速度が飛躍的に高まると、消費者の動向に合わせて時間をグローバルに活用しなくてはならない。

たとえば、夜中に海外の設計者やデザイナーに設計やデザインを頼めば、翌日にインターネットを通じて受け取れる。素材や部品がそろうと、今度はいかにそれを素早く組み合わせて消費者に供給できるかが問題になる。大量生産から多品種少量生産に移ることは、時間を軸に考えれば、注文と生産が需要に応じて行われることを意味する。情報化の進展で、二四時間を地球的規模で上手に使うことで生産効率を上げることができるようになったのである。

このように、生産や情報の現場で時間の効率化が進めば、自由時間はふえる。経済活動の速度を速め生産性を上げることで、ゆったりした時間を獲得することが企業経営の課題になる。

情報社会においては、猛烈な勢いで時間を短縮しながら、一方でぜいたくなゆったりした時間を持ちたいという裏腹な関係が生まれる。そうなると、時間をぜいたくに消費する商品やサービスがもてはやされる。

時間創造型と時間消費型

二一世紀に向けて労働環境の改革が進み、高齢化社会を迎え自由時間が拡大していくことと並行して、社会は日常生活の中で一定の時間をつくり出すための創意工夫を求める。まず、「時間創造型消費」を充足し、次のステップとしてその時間をどう使うのかという「時間消費型消費」に移行していく。

時間を軸に消費を考えると、時間を節約して自由裁量時間をつくりだすための消費と、まとまった時間を楽しむための消費に分類できる。人々はモノであれば早くほしいと思うが、サービスとなると、むしろ、ゆっくりと時間をかけて消費したいと考えるからだ。「時間創造型」（時間節約型といってもいい）の典型は電気掃除機や洗濯機などであり、「時間消費型」はスポーツ施設や外食産業である。一〇分間で散髪をする理髪店やファーストフード店などは時間節約型だが、これらも「時間ビジネス」の一例だ。

ただし、「時間消費型消費」が成立するには、時間とカネという基礎条件に加えて、消費者の「なにかをしたい」という欲求の顕在化が必要である。「時間」という要因によって、人々の消費行動が決まるのである。

「時間ビジネス」が流行る

もっとも、本来は時間創造型の商品がただちに、ゆとりある時間をもたらすわけではない。たとえば、電気掃除機という財の効用は、電気掃除機を購入したことで生じるのではなく、掃除機を使用するための時間を投入して、初めて効用が生じる。洗濯機にしても、洗濯機がまわっている間、ほかの家事ができないという主婦が少なくない。

そのうえ、ときには、「買った以上使用しなくてはならない」という強迫観念が支配する。掃除時間を節約するために電気掃除機を購入したのに、かえって掃除時間がふえる。同時に、これまで手をつけなかった家事をして、かえって家事労働を濃密にする。

これは、一般の消費財やサービスの購入にもあてはまる。経済発展による所得上昇は、必然的に多くの財やサービスの購入を可能にした。しかし、これらの財やサービスは、実際に使ったり楽しんだりする時間がないと、効用が生じない。つまり、購入する財やサービスの量が多くなると、それらを消費するために必要な時間量も増大する。

自由時間が増えると、人々の消費パターンも変る。「時間消費型消費」というジャンルが、脚光を浴びるだろう。これにはある程度まとまった時間があれば実現する消費と、時間を節約するためのサービスとモノがある。

サービスでいえば、旅行、スポーツ、カルチャーセンターなどの分野だろう。自由時間を楽しく過ごす遊園地やテーマパークも、ゆとりの時代にぴったりだ。スポーツ施設やレストランにも、人が集まる。外食産業でいえば、ゆっくりと時間をかけて食事を楽しむ所と時間を節約するためのファーストフードの両方がある。いずれも時間型消費である。

電気洗濯機や掃除機は、人々に時間をもたらした。テレビ、オーディオ機器、ゲーム機器などのエレクトロニクス製品は、楽しい時間を過ごすためのモノとして日常生活に欠かせない。モノを購入することで家計の経済的「豊かさ」は生じるが、それらを消費するための時間を生み出すための「ゆとり」をなくしてしまう危険もある。

求められる「時間の経済学」

経営学者のピーター・ドラッカーは「時間は資本、労働、土地、エネルギーと並ぶ、第五の貴重な経済資源である」といっている。「資本、労働、土地」は経済学の教科書では、「生産の三要素」といわれる。これにエネルギーとともに「時間」も入れるべきだというのがドラッカーの主張だが、「貴重な経営資源」にもかかわらず、経済学は時間という無形の財についてきちんと位置づけていない。

これまでの経済学の理論では、消費の効用は保有している財の量によって決まり、消費は時間に無関係な行動とされた。しかし、高度消費社会では時間の概念が変質し、消費の効用は消費に必要な時間に依存している。「消費の質」を高めるのも低めるのも、時間という要素に深く関わっている。時間を軸にした消費経済学の構築が求められる由縁である。

終　章　成熟消費社会をどう構想するか

日本の消費社会はいま、「成熟社会」への移行過程にある。消費者だけでなく企業も政府もきたるべき「成熟消費社会」への適応に向けて、それぞれに「変革」が求められている。どのように構想すれば、適応への道筋を見出すことができるだろうか。

第一節　消費インフラの構想

消費者が質の高い消費生活を営むには、それに適した社会的な制度や基盤がつくりあげられてなくてはならない。それを「消費インフラストラクチャー」と呼ぶことにするが、日本は欧米社会に比べるとどうも見劣りがする。「持続可能な成熟消費社会」を実現するには、その前提として「消費インフラ」の考え方が社会に広がることが欠かせない。

ソフトも含む発想

インフラストラクチャー、略してインフラとは、一般には港湾、道路、空港などの産業基盤のことである。しかし、私たちはこの言葉を消費基盤としての「消費インフラ」にも適用範囲を広げたい。

消費インフラとは、健全で質の高い消費生活を営むための社会的基盤である。具体的には、高い所得水準、十分な自由時間、広い住環境、公園や上下水道などの生活関連社会資本、消費者の権利を守る行政システム、安定した金融システム、効率的な流通機構……である。産業インフラがハード面に偏しているのに対して、消費インフラは法体系や制度、人々の意識構造などのソフトも含む。

消費インフラの発想は、宇沢弘文東大名誉教授が提唱する「社会的共通資本」の考え方に類似点を持つ。人間の生活と生存に重要な関わりを持ち、社会を円滑に機能するために大事な役割を果たす資源、モノ、サービス、あるいは制度を社会的に管理していこうという考えである。

「社会的共通資本」の考え方

宇沢氏は、社会的共通資本として次のようなものを具体的に挙げる。

まず、土地、大気、海洋、河川、森林、水といった自然資源がある。二つ目が社会的インフラストラクチャーである。社会資本といわれるもので、公共的な交通機関、上下水道、電力・ガス、道路、通信施設などがある。三番目として教育、医療、司法、行政など制度資本と呼ばれるものがある。社会を円滑に機能させ、一人ひとりの人間の尊厳を守るに必要な制度で、なかでも大事なのが教育と医療である。

これらの管理は社会的基準でおこなわれる。それぞれの分野の職業的専門家によって、専門的知見に基づき職業的規律に従って管理運営される。これに関わる職業的専門家は同僚の専門家の評価を受けながら、能力、力量、人格的な資質などが常にチェックされるような制度的な条件が整備される必要がある。

社会的共通資本とは、一つの国ないし特定の地域に住むすべての人々が、豊かな経済生活を営み、すぐれた文化を展開し、人間的に魅力ある社会を持続的、安定的に維持することを可能にする社会的装置を意味する。豊かな消費生活を送るために必要な社会的装置という点で消費インフラと類似している。

さて、それでは、消費インフラの整備はどのように進めればいいのか。

生産者重視システムの変革

第一は、生産者に有利な法律や諸制度を消費者の視点から抜本的に見直すことだ。たとえば、過剰な公的規制を大胆に緩和ないし撤廃することで、マーケットメカニズムが効率的に機能し価格の引き下げ効果が期待できる。企業に有利な金融や税制面の優遇措置を改める必要もある。同時に、郵便貯金にみられるような貯蓄の優遇措置も廃止する時期だ。

貯蓄は企業の設備投資の源泉として、日本経済の成長をもたらしてきた。貯蓄優遇措置は消費者から集めた貯蓄を企業にまわす手段として有効に機能したが、その反面、人々の消費が抑えられてきたことも否めない。消費が大きく落ち込み不況からの脱出が容易でない現在、貯蓄を奨励するような措置を続ける意味は薄れている。

日本の経済システムは戦後、官主導型の経済政策が土台になって形成された。欧米に追いつくことを目標に掲げた政府の政策は、もっぱら企業に有利な諸制度を整備することだった。国民から徴収した税金は、公共事業の形で、もっぱら道路、鉄道、橋、港湾などの産業インフラの建設にまわされた。住宅、下水道、公庫などの生活関連の社会資本は、消費者の声が小さいことをいいことにほとんど無視されてきた。生活関連社会資本に目が向けられたのは、一九八〇年代になってからである。

このような生産者優位社会を温存している限り、消費インフラを整備することがむつかしい。企業は官主導の経済政策のもと、企業に都合の悪い情報は消費者に隠してきた面がある。それが企業の不祥事をもたらし、消費者利益を損なってきた。鉄の三角形といわれる政、官、財の癒着関係を断つためには、国民はきびしい目を国政にそそぎ選挙で悪質な政治家を追放すべきである。そうすることで、消費者の声を政治に反映することができる。

「余暇インフラ」の充実を

第二は、労働時間の短縮を進め余暇時間を増大させることだ。日本人の労働時間は主要先進国に比べてかなり長い。経済力が世界最高水準になったのに生活にゆとりが感じられないのは、そのせいである。質の高い消費生活を楽しむには、十分な自由時間を確保する必要がある。

欧州各国では、週休二日制、年間二週間から一ヵ月程度の連続休暇が一般的になっている。これぐらいの休みがないと、多くの人々はその場しのぎの享楽に走りがちになる。

いっぽうでは、日本人の余暇意識も徐々に変質してきた。しかし、本格的な余暇時代を迎えようとしているのに、余暇の施設や行政や制度などの社会の仕組みは、人々の余暇需要に応える状況になっていない。

実際のところ、日本でのレジャー費用は高くつく。休日には特定の施設が混雑したり、道路が渋滞になるなど国民の余暇需要を満たしていない。制度、慣行、法規制が余暇生活の充実と発展を阻害している。

余暇インフラを整備、充実させるための具体案は、ソフト、ハードの両面で多岐にわたる。より緊急なのは、日常的な余暇空間の整備である。地域の公的施設はかなり整備されているが、有効に活用されているとはいいがたい。利用時間帯の延長や予約手続きの簡素化をはかるとともに、有効利用のための多彩なプログラム提供が望ましい。公的施設のない地区では、学校施設や企業の福利厚生施設の開放に前向きに取り組む必要がある。

長期休暇を楽しめるような手立ても求められる。家族で一週間ほど滞在できる安くて、簡素なリゾート地がもっとあってもいい。八〇年代後半に、大資本の投資によりつぎつぎにできたリゾート地は、多くの庶民にとっては高嶺の花だ。農家や民宿などで、長期滞在できれば価格は割安になる。余暇費用を低廉化するため、需要期とそうでない時期とで、利用料金に格差を設定するよう余暇産業に一段の工夫を求めたい。

アメニティの発想

第三が、住いを中心とする生活空間の整備だ。狭い住宅は、耐久消費財に占拠され新しくモノを購入しようにも、そのスペースがない。日本人が豊かで質の高い生活を享受できない理由のかなりは、貧弱な住環境にある。

生活空間という場合、身近にあって日常的に余暇を楽しめる公園や緑地、だれでも気楽に利用できるスポーツ施設などの社会資本の充実も不可欠である。とくに、人口密度の高い都市部には、こうした公共施設がないと息がつまってしまう。

美しい都市景観を確保するという視点も大切だ。落ち着いた街のたたずまいや歴史や伝統を感じさせる建物も、人々の心をなごませる。自然との調和を考えた都市開発が、大きな課題になるだろう。ここでのキーワードはアメニティである。

アメニティとは、快適さや居心地の良さといった意味合いのほかに、静かさ、美しさというニュアンスがある。いうなれば、複数の価値の総体的カタログである。快い親しみのある風景、きれいな空気や水、光など「あるべきものがあるべき場所」(the right thing in the right place) ことで心がなごむといったものである。

「金融インフラ」の再構築

資本主義経済体制のもとでは、消費はお金と大きく関わる。お金を融通し合う金融制度が揺らいでいると、健全な消費がおこなわれない。そこで、金融インフラの整備が第四の課題となる。日本の金融システムは、バブル経済の崩壊後、不良債権の処理が円滑に進まず根底から揺らいだ。経営破綻に陥った大銀行もあり、「銀行不倒神話」は崩壊した。いまだに不安定な金融システムは、消費者心理を冷え込ませる。

近代化に乗り遅れ欧米に追いつくことを目標に掲げた日本の金融システムは、生産者寄りだった。銀行は預金者から集めた資金を主に大企業に融資してきた。融資は企業に有利な制度になっており、消費者は無視された恰好だった。

その間隙を縫って、増大してきたのが消費者金融である。高度成長時代、銀行は大企業向けの貸し出しに血道を上げ個人向け無担保融資に関心を示さなかった。その間に、消費者金融は急膨張を遂げた。その規模は、日本クレジット産業協会が発行する「日本の消費者信用統計二〇〇一年版」によると、一九九九年時点で住宅ローンを除く日本の消費者信用残高は約六六兆八〇〇〇億円にのぼる。日本はいまや、米国と並ぶ「消費者金融大国」である。

消費者金融の発展と支払手段の多様化は、消費社会を支える大きな柱である。「むかしサラ金、いま消費者ローン」といわれるように、かつての高利貸しのイメージは急速に払拭された。上場を果たした消費者金融会社もあり、社会的にも認知されつつある。

しかし、消費者金融には影の部分も濃厚に残存している。ヤミ金融業者の存在、苛酷な取り立て、押し付け融資、増える多重債務者、多発する犯罪など消費者金融をめぐる病理現象が不況の長期化に伴って頻繁に露呈する。これらの問題は、消費者の自己責任原則にまかせばいいというわけにはいかない。

消費者金融を含めた金融システムの健全化、安定化は、成熟消費社会の成立に緊急の課題である。法律、制度面での見直しとともに、金融に強い賢い消費者を育てる消費者教育が高齢者を含めできるだけ多くの人々を対象におこなわれる手立てが望まれる。

セーフティネットの備え

成熟社会は、自由競争が消費者利益になるという前提で成り立つ。しかし、自由競争が貫かれる限り、脱落者が出るのを防ぎようがない。彼らにはヒューマニズムの立場から救いの手が差し伸べられるべきである。そうすることで、消費者の「不安」をいくらかでも払拭することができる。そこで、セーフティネット（社会的安全網）の構築が第五の課題となる。

セーフティネットとは、サーカスの綱渡りが下に落ちたときにけがをしないように張り巡らせたネットのことだ。もともとは弱者救済の考え方だが、現在では市場の一部の破綻が全体に広がらないように防止する措置として脚光を浴びている。

その典型が、金融市場で銀行の経営が破綻したときに預金者を保護する仕組みである預金保険制度である。最近では、リストラで職を失った人を救済するための失業保険や職業訓練なども含むようになってきた。

セーフティネットは市場の破綻を防ぎ市場メカニズムが円滑に作動する装置だが、これまではどちらかといえば供給サイドに重点が置かれていた。しかし、セーフティネットの理念を消費者の視点からの再構築することで、消費者が安全で安心して暮らせる社会基盤が固まる。たとえば、社会保障は本来、だれでも経験する老後の生活や病気などのリスクに備える共同事業だが、これをより充実させることですべての人が社会的支援を受けられるという安心感、信頼感が社会に根づく。

「安心の仕組み」としての視点から、失敗した場合の最低限の安全ネットを社会に張り巡らすことで、消費者は再挑戦の機会が確保される。そうなれば、活力のある成熟消費社会の実現が可能になる。このほか、宇沢氏が指摘するように、医療や教育などの分野でも消費者の視点で「インフラ」整備が必要だ。これらもまた、消費者の将来への不安を和らげ質の高い健全な消費が展開される条件である。

もちろん、こうした一連の消費インフラの整備は一朝一夕には成し遂げられない。しかし、消費インフラの発想を社会全体に広げるとともに消費者の強い期待を行政に反映する努力を地道に重ねることで、その多くは実現可能になる。そのためには、消費者としてもモノの消費を伴わない精神充実型の消費活動を広げるために自己研鑽に励むとともに、自分の住むコミュニティでの活動に参加するなど真に豊かな社会づくりに積極的にかかわっていく意欲を持ち続ける必要がある。

このように、消費インフラの整備と充実は、経済構造の改革だけでなく消費者の意識変革や政治・社会の改革とセットになっている。

第二節　「生活の質」向上を求めて

クオリティ・オブ・ライフ（ＱＯＬ）という言葉は人間の尊厳を損なわない形で医療が施されるという意味で使われるが、経済学や社会学の領域でもしばしばお目にかかる。ここでは、生活や生き方の質を改善したり向上させたりするというように、生活の質的側面を問う概念としてである。個々人の生活だけでなく人生いかに生きるべきだということも含むという点で、現代社会の根幹にふれるような包括的な内容を伴っている。

クオリティ・オブ・ライフ（ＱＯＬ）の発想

「生活の質」は、ガボールの『成熟社会』（一九七二年）のキーワードとなっている。「成熟社会とは、人口および物質的消費の成長はあきらめても、生活の質を成長させることはあきらめない世界」としている。それなのに、「生活の質」の中身については聖書にある「希望、信仰、愛」

を頭においてか、「希望、遊戯、多様性」を挙げているだけで具体的な言及はほとんどない。

さて、日本で「クオリティ・オブ・ライフ（ＱＯＬ）」という言葉が頻繁にマスコミに登場するようになったのは、高度成長が一段落した七〇年代後半に入ってからだ。経済成長が減速したことで、人々の関心は経済成長という量的拡大から成長の中身、つまり「質」に移ってきた。このころに、日本ではモノが溢れる豊かな消費社会が実現した。それなのに、多くの人は真の豊かさを実感できず、経済の論理が優先する時代の風潮に疑問を抱き始めてもいた。

一九七三年と一九七八年の二度にわたる石油危機が、日本だけでなく世界主要国で経済成長を屈折させた。世界の人々は経済成長が飽和点に達したことを思い知らされると、足元の生活を見直し始めた。物質的な豊かさへの追求に限度を感じるとともに、心のゆとりや自然の美しさなどを以前よりも値打ちのあるものと感じるようになったのである。

「生活の質」の中身は

ＱＯＬについて、経済学はほとんど関心を示さなかった。似た言葉としては、「生活水準」という概念が広く使われてはいる。しかし、ここでは客観的に計測可能な衣食住の「量」が問題とされた。

それでも、生活水準概念の研究者であるＡ・センという経済学者は「福祉とは、生き甲斐を実現する機会である」と言い切り、福祉や生活水準を規定するものは、豊かさ、効用、必需品のような領域ではなく、functionings（達成可能なさまざまな生活諸条件）とcapabilities（それらを達成する能力）であるとしている。量でなく質を問題にした点で、ＱＯＬに類似点を見出すことができるが、ここでも具体性がはっきりとは見えてこない。

こうした点を踏まえて、私たちも「成熟消費社会」の基本概念としてのクオリティ・オブ・ライフの中身に迫らなければならない。その際、一九八一年の秋に筑波大学で開かれた「筑波会議」が示唆を与えてくれる。この会議がその後、アカデミズムの世界でも論議のマトになるきっかけとなったからである。

「筑波会議」は余暇開発センター（現、自由時間デザイン協会）と筑波大の教授、それに都留重人一橋大名誉教授らが中心になって内外の専門家を招いて開催された。会議では「クオリティ・オブ・ライフの認識と展開」をテーマに論議され、真に豊かで人間的な社会にしていくための最大課題という認識のもと、ＱＯＬの中身として次のような領域を想定している。すなわち、

1、物質的な幸福
2、人間関係の充実――家族、親戚、友人
3、地域社会、コミュニティの改善
4、個人の啓発
5、余暇生活の充実

これをみると、物質的生活よりも精神的生活、社会的生活、社会関係などの比重のほうが大き

い。「個人の生活」だけでなく、「もうひとつは社会の状態というか社会的な観点」も含む。つまり、「あなたは、自分の人生をどのように生きるか、その内容を問う」ということに加えて、個人の生活の範囲だけで規定されるものではなく社会と深く関わることを強調している。この場合、社会というのは個々人のための生活の質を高めるための環境整備といえよう。要するに、QOLとは「量から質へ」というよりも、量と質のバランスである。

「労働の人間化」と「生活の芸術化」

この会議に参加した都留重人氏は一九九四年五月に、「QOLの内容について」と題する講演をおこなっている。聴講の機会に恵まれたが、日本を代表する経済学者が既存の経済学の批判を加えつつQOLに言及していることが印象深かった。

都留氏はQOLの内容として、「労働の人間化、余暇の充実、生活の芸術化」の三つを挙げている。「労働の人間化」を第一にとりあげ、それを補完する事項として「余暇の開発」を加え、生活内容の充実に資する事項として「生活の芸術化」を強調している。

「労働の人間化」では、まずlaborとworkの違いに言及する。前者には他人に強制される「労働」というイメージが強いのに対して、後者には芸術的な仕事ないし職人的な仕事というニュアンスがある。労働とは元来つらいもの、すますことができればしたくないものだが、これに「仕事（work）」の色合いを付加することで、労働自体が「生き方の質」を求める目的行動になり得るというのである。

仕事には、仕事自体から得られる満足感や達成感、創造の喜びがある。心がけ次第で生活の張りが生まれ、きちんと仕事をすることでレジャーの時間もより楽しいものとなる。

「生活の芸術化」については、主観的な価値観も加わってくるため一義的な答えを見出すのは難しい。強いてその内容を挙げれば、真、善、美を求める意識を日常の生活の中でとりいれるような生活様式といえようか。

こうした意識はイタリア、フランスなどでも見られるが、日本でも決して劣らない。日本の庶民の日常生活での美意識は、漆芸、陶芸、小間物工芸品、盆栽、園芸などの広い領域で示されている。これまでも日本人独特の感覚が丹精込められて日用品でも意匠の斬新さ、豊富さを生み出してきた。簡素さのなかに美意識を見出して生活を楽しむ術は伝統的なものである。いま、経済発展を求めているときに見失っていた暮らしの中の美意識を再確認する時期である。

日本において「生活の芸術化」が進んでいることに、驚嘆した外国人は少なくない。都留氏によると、世界的経済学者のシュンペーターは「日本では芸術が庶民の日常生活の中に活かされている」ことに賛辞を惜しまなかった。かのガボールも『成熟社会』の序文で「日本人は依然として伝統的な、高度に芸術的な文明、すなわち、日本人自身の魅力的な生活様式を人事に育てている」とし、「幸福な成熟社会」が日本に到来することを予言している。

「労働の人間化」と「生活の芸術化」に価値観を見出す人たちが増えれば、日本の先行きに明るい希望を抱かせる。

「生き甲斐」を求めて

現実に、経済成長が減速するにつれて、ガボールが指摘するように「経済的推進力への関心は、しだい色あせていく」が、「新しい教育によって、だれにも責任の観念がひとたび教えこまれれば、経済は、円滑に、自然に、効率的に働くようになる」だろう。

古くはジョン・スチュアート・ミルも、経済成長の減速と社会進歩との関係について同じような楽観論を示している。すなわち、「資本と人口の定常状態（ゼロ成長）は人類の進歩の定常状態を意味するものではない。そこには、従来と同様にあらゆる種類の知的教養と道徳的ならびに社会的進歩の余地があろう」（都留重人『二一世紀、日本の期待』より）という。彼らの楽観論は、私たちにＱＯＬを価値観の中軸に据える成熟社会への可能性を広げる。

多くの人が多様な価値観に基づく「生き甲斐」を実感できる社会が実現するには、個々の人々がそれぞれ「働きがいを見つける」「余暇を楽しむ」「生活を大切にする」「自分をさがす」ことに自然体で専念することが求められるのではないだろうか。

私たち日本人にはこれに、「個性的に生きる」を加えたい。同じ価値観で生きている限り、いつも他人が気になる。自分の人生を個性的に生きることは、同時に他人の多彩な生き方を認めることになる。個性的な生き方をする人で構成された社会はまとまりがないが、表情豊かな社会であるに違いない。

人間の他者への思いやりや共感に溢れたヒューマンな人間性を原点に、「生き甲斐を求める」という人々の素朴な思いが社会全体に醸成されれば、きっと未来は開ける。

第三節　「消費者の経済学」をどう構築するか

豊かな消費社会では、消費者の行動はかなり気ままで必ずしも合理的ではない。それが「合理的人間」を前提にしてきた従来の経済学を行き詰まらせる要因となっている。「成熟消費社会」に求められるのは、消費者心理に立脚した消費者のための経済学を確立することである。

消費依存経済の弱点は

モノが溢れる豊かな社会は、個人消費の比重が大きい。国内総生産（GDP）に占める割合は、米国では七〇％もあり日本でも六〇％を超える。図体が大きいだけに、消費者の意識や行動が景気の行方を左右する。

それを端的に示したのが、二〇〇一年九月の同時多発テロである。あのとき、米国では観光、航空、娯楽などサービス産業を中心に個人消費が落ち込み、その影響は日本を含め世界にも及んだ。株価下落による負の資産効果で消費が萎縮して、景気減退の不安が高まった。

もっとも、米国の立ち直りは予想外に早かった。消費者心理の冷え込みは一時的なものに過ぎなかった。さすが、消費に生き甲斐を見出すといわれるほどの消費大好き国民である。生活防衛に走る様子はさほどでもなかった。米国経済はその後、消費を原動力に力強い回復力を示した。将来不安に脅え、一四〇〇兆円もの個人金融資産を凍りつかせたままの日本とは対照的だ。

同時多発テロの発生は、先進国経済が消費依存型であり景気がもともと不安定な消費者心理に揺さぶられるという弱点を露呈した。現代の資本主義はどうやら、消費者心理が経済に及ぼす影響を軽視できない体質を抱えたらしい。それなのに、その消費者心理は従来の経済学では読みきれない。

日本は「生産者経済」

米国の経済学者、レスター・サロー（マサチューセッツ工科大学教授）は、「資本主義にはさまざまな形態があるが、本質的な相違は消費者経済と生産者経済のどちらかに属するという点にある」（九三年七月、横浜市での講演会で）といっている。

サロー教授によると、どちらかというと米国は「消費者経済」に、日本は「生産者経済」に属する。それぞれに長所も短所もあるが、日本の場合は生産者に偏りすぎ、バランスを欠いた経済だと指摘する。

経済後進国だった日本が欧米先進国に追いつくには、生産者経済に傾斜したほうが効率的だった。官民協調体制は各国から「日本株式会社」と批判されたが、それに屈せずにまっしぐらに経済成長路線を突き進んできた。欧米に追いついたいま、その仕組みに疑問符が出され経済構造の抜本的見直しを迫られている。

日本に比べると、米国経済の仕組みは消費者寄りであることは否定できない。消費者経済について、米国に学ぶべきことは少なくない。しかし、その米国で消費者重視の経済学が発展したとはいえない。

経済学の危機

既存の経済学はいまや行き詰まっているといっていい。モノづくりを主眼に据えた経済学は、現実の経済の動きについていくことができなかった。サービス経済化の進展、情報の取り扱い、地球環境問題への取り組みなどに実力を示すことができない。

こうしたことは、経済学の側でも早くから指摘されていた。英国経済学の旗頭、ジェーン・ロビンソン女史（一九〇三～八三）が一九七一年十二月のアメリカ経済学会の席上で示した危機感もその表れである。「すべての人にとって解かれるべき重要問題に対して経済理論がまったく答えようとしていない」として、〝経済学の第二の危機〟を訴えた。

この時期、世界的にインフレ、財政赤字、国際収支の不均衡が拡大する傾向を示し、ケインズ主義的な財政金融政策は効果が薄れていた。豊かな国と貧しい国の南北の経済格差、豊かな国の貧しい人たちの絶望感、公害と環境破壊、農村の疲弊と人口流出などの難問が噴出していたのに、経済学は処方箋を用意できなかった。

〝経済学第一の危機〟は、一九三〇年代に発生した。米国で起きた大恐慌が世界に波及し、各国で企業倒産が相次ぎ失業者が街に溢れた。このとき支配的だった新古典派理論は無力だった。この危機を救ったのは、財政金融政策の有効性を示したケインズ経済学であった。

経済学は第一の危機をそれなりに克服したが、第二の危機には有効な手立てを示すことができず、その状況はいまも続いている。

どうして、こうなったか。主因は、経済社会を分析する経済学が「経済人」（ホモ・エコノミクス）を前提にしていることにある。「経済人」は常に損得勘定にもとづいて合理的な行動をするとされている。経済学の理論構築ないしはモデル形成のためには、いっさいの人間行動を利己的動機に還元するほうが好都合である。しかし、それに全面的によりかかると現実を見失う。

現代社会の主役にのし上がった消費者は、「経済人」のようにいつも合理的な行動をとるわけではない。それどころか、とくに消費生活においては個性やライフスタイルを表現しようと非合理的な行動をとりがちだ。消費者が求めるのは、物質的な豊かさよりも精神的に安定し落ち着いた心にゆとりのある生活である。消費者の「非経済人」としての想定は近代経済学からすっぽり

抜け落ちている

それに、既存経済学は生産・流通・分配をもっぱら分析の対象としてきた。これは供給者（生産者）の立場である。こうして、経済学は基本的に「生産者重視の経済学」として理論構築されてきた。ここでは、生産者が主役で消費者は脇役にすぎない。

新たな胎動

それでも、ここにきて既存の経済学を乗り越えようとする新しい動きが表れている。ひとつは、「複雑系の経済学」である。複雑系とは、物事はいくら細かく分析しても単純にならないという基本認識がある。経済社会のような複雑なものは、各要素に細かく分解せずそのまま理解すべきであるという。いいかえれば、人間行動の合理性には限界があるので、複雑なものは複雑なまま全体としての視点でとらえる手法である。

もうひとつは、ハーバード大学やカリフォルニア大学などの若手経済学者を中核とする「行動経済学」（behavioral economics）だ。人間は利己心に基づき常に合理的に行動することを前提にする既存経済学に対して、行動経済学はこうした仮定と現実社会の間に距離がありすぎるという立場から出発する。

人間はそもそも悪癖などを含めて合理的とはいえない行動をとる存在だ。行動経済学は、従来の経済モデルでは例外扱いされてきた、いわば生身の人間行動に分析の光を当てるという点で心理学や社会学とも接点が多い。経済は心理に左右される部分が大きい。曖昧さ故に理論の外に置かれがちだった要素を科学的に解き明かせれば新しい経済学が生まれる可能性がある。

とはいえ、こうした動きには部分的に学問的成果がみられるものの、経済社会の現実理解や経済政策の対応に有効な道具とはいえるような状況ではない。

「消費者」と「生活者」

個人消費が国民総支出の六割を占める日本の消費者が、社会の脇役で甘んじている時代は終わった。企業がモノづくりの視点で利益優先を目標に効率性を追求する時代も終幕を迎えた。

こうした時代背景を受けて、一九八〇年代末から企業広告や政治家の発言に「生活者」という言葉が噴出しはじめる。「消費者」には、流通の末端でいわば受け身で消費するとか、生産者の手の平で踊らされているという響きがある。それに対して、「生活者」は生活の視点から消費だけでなく生産や流通にも積極的に関与するニュアンスがあるという。

これには、反論がある。生活者といった場合、市場における企業と消費者との緊張関係が曖昧になる。それに、「生活者からの発想」や「生活者としての発想で」というフレーズを多用するのは、消費者ではなく事業者の側である。生活者には、消費者サイドより企業者側の発想が加味されている。

それはともかく、生産者重視の既存経済学の壁を克服しようと「生活経済学」を提唱する動きが一九八〇年代半ばに表れた。「生活経済学会」の発足である。学会では、生活を巡る学際的な学問領域を融合し新しい学問体系の構築を目指している。

それを背後から支える大きな流れとして、家政学、厚生経済学、社会政策学の三つがあるという。第一の家政学、または「家庭経済学」は、経済主体としての家計と生活主体としての家庭を対象にしている。第二は、国民の経済生活の安定と向上をめざす学問である「厚生経済学」である。第三が、人間生活の改善を政策的に推進する「社会政策学」である。これらの学問を有機的に結合することにより、「生活経済学」という新たな分野が開けるとしている。

その意欲は高く評価されるが、二〇年近く経過した現在、なお議論は入り口のところで堂々巡りをしているようだ。その背景には、それぞれの学問体系に共通点が少ないことがあるように思える。

目的は人間研究

個人消費の比重が高まった現代の資本主義は、消費者が熱心に消費を続けないと維持できない社会である。さまざま手段を使って消費をさせ消費社会化を推し進めないと、ダイナミズムが失われる。

消費社会は現代資本主義に依存するだけではなく、その逆に現代資本主義も消費社会に依存している。この相互依存関係が現代資本主義社会の基本構造をなしている。私たちが追い求める「成熟消費社会」でもこの基本構造から免れることはできない。

そうだとすれば、「消費者の経済学」の樹立は容易でない。骨太の学問体系はほとんど望み薄かもしれない。とはいえ、現実に私たちは多様な消費生活を営んでいる。そのことを踏まえたうえで、個別の問題でコラボレーション（共同研究）をすることが大切だ。「消費者の経済学」という新しい思想の大枠、パラダイムの形成は、総論からのアプローチではなくむしろ各論の積み重ねによって展望が開けるといった類いのものであるかもしれない。

近代経済学の祖、マーシャルは「経済学は生活の日常業務（ordinary business of life）における人間の研究である。……経済学は一面において富の研究であるが、もっと重要な面においては人間の研究（study of mankind）である」（『経済学原理』、一八九〇年）といっている。

そんな原点に立ち戻り人間への深い洞察力と現代消費社会の熟知がないと、成熟消費社会にふさわしい学問体系への展望が開けないのではないだろうか。それは、多分、従来の経済学からではなく別の学問領域から誕生しそうな気がする。

あとがき

二〇世紀半ばに実現したモノが溢れる豊かな「大量消費社会」が、資源面と環境面で行き詰まりを見せている。このまま大量消費の〝宴〟を続ければ、「宇宙船、地球号」は暗礁に乗り上げる。それでは、それを克服する方策はあるのか。

「ある」との前提に立って、本書では「成熟消費社会」というパラダイムを持ち出した。「ポスト大量消費社会」や「脱工業化社会」といった概念と軌をいつにするものである。知的で個性的な人たちが省資源的な消費を展開する安定的かつ持続的な消費社会というイメージである。

そのイメージを「成熟消費社会」の「成熟」という言葉に込めた。「成熟」にはポジティブなニュアンスがある。

私たち消費者はあっちこっちに頭をぶつけながらも、大量消費社会から「成熟消費社会」への道筋（パラダイムシフト）を辿っている。現実に、本書で繰り返し述べたように「物質的消費の成長はあきらめても生活の質の向上を目指す人たち」は着実に増えているし、個性豊かな人々で構成される社会になりつつある。

もちろん、この点は議論の余地があるだろう。しかし、楽観論に立脚すれば、本書に流れる基調をくつがえすのは容易でないはずだ。

タイトルの後段の「構想」とは、アイディアや発想を実行可能な計画に落とし込むことと解している。私たちのめざすべき成熟消費社会が現実的な実現可能な社会であると見通せるからこそ、タイトルに「構想」という言葉を使った。

といっても、成熟消費社会の構想を十分に描き切ったという自信はない。せいぜいが問題提起にすぎないのかもしれないが、いくつかの道筋は示し得たと自負している。本書を読めば、現代の消費社会の抱える問題点はおおよそ理解できるだろう。若い学徒だけでなく、消費経済の最前線で働く人々にも参考になると思っている。

筆者は消費経済の専門家ではない。アカデミズムに転ずるまでは経済ジャーナリストとして取材を積み重ねてきた。学問的視点から本書の欠点を見つけるのは難しいことではないだろう。しかし、二〇年以上にわたって消費者サイドから日本経済の現状や問題点を見続けてきた経験がある。この間、消費者団体や市民レベルの勉強会にたびたび参加した。なによりも「消費大好き人間」である。消費への関心は人一倍強い。

人々の日常生活が消費で持ちきりであるのに、消費経済学といった研究領域での成果は乏しい。それに、たいていの経済学者は文章が硬くて多くの読者を惹き付けていない。消費経済論や消費社会論の分野では、むしろジャーナリストの視点のほうが有効であると思う。消費社会の本質を見極め消費者の意識や行動を理解する努力を続けてきたという一点では、ひけをとらないという自負もある。

本書は、アコム経済研究所刊の「ホームエコノミカ」に「消費者の経済学」というタイトルのもとに一九九四年一月から二〇〇一年七月にかけて七年以上四四回にわたって連載されたものを下敷きにしている。このため、本書は一九九〇年代から二一世紀にかけての日本の「消費経済史」の側面もある。

連載では、消費に関するその時々の話題を中長期的展望に立って原稿にしてきた。消費情勢は大きく変ったが、大筋ではいまでもほとんどが通用する。読み返してみて、「先見の明」に気付きときににんまりした。不況が長引く中で、執筆時の問題意識や問題解決の切実度はより増したようにさえ感じる。

連載の原稿量は、四〇〇字原稿用紙で五〇〇枚を超す。本書では、好評を博したものの中から精選し、その後の情勢変化を加味してデータを中心に加筆、修正をした。たくさんの図表があったが、大幅に割愛した。連載分の原稿はほぼ二分の一に縮め、数編を書き足したうえに第一章と終章を二〇〇二年四月時点で新たに執筆した。

本書の成立には、多くの人にお世話になった。まずは「ホームエコノミカ」に長年、連載の機会を与えてくれたアコム経済研究所の服部秀夫さんに厚く御礼申し上げたい。

本書は、消費者金融サービス研究学会の二〇〇一年度の出版助成を受けた。助成にあたり、同学会からはなんらの制約を受けなかった。同学会の「自由で寛容な精神」に敬服するばかりである。

同学会会長の江夏健一早稲田大学教授、同常任理事の坂野友昭早稲田大学教授、事務局の真水美佳さんをはじめとするスタッフの方々にも感謝したい。

このような形でまとめられたのは、流通経済大学出版会、加治紀男事業部長の励ましのおかげである。

二〇〇二年五月記す

参考文献

粟田房穂『ディズニーリゾートの経済学』東洋経済新報社、二〇〇一年
粟田房穂『遊びの経済学』朝日新聞社、一九八六年
粟田房穂ほか『心豊かな社会論』創知社、一九九一年
伊藤隆俊『消費者重視の経済学』日本経済新聞社、一九九二年
宇沢弘文『社会的共通資本』岩波新書、二〇〇〇年
宇都宮健児『消費者金融』岩波新書、二〇〇二年
熊沢孝『消費社会再生の条件』ダイヤモンド社、一九九三年
国民生活センター編『消費社会の暮らしとルール』中央出版、二〇〇〇年
佐伯啓思『「欲望」と資本主義』講談社新書、一九九三年
佐和隆光『成熟化社会の経済倫理』岩波書店、一九九三年
堤清二『消費社会批判』岩波書店、一九九六年
都留重人『二一世紀日本への期待』岩波書店、二〇〇一年
都留重人、佐橋滋編『クォリティ・ライフ、筑波会議報告』弘文堂、一九八三年

電通マーケティング局編『成熟社会の流行現象』電通、一九八二年
中北徹編『消費者の時代』日本評論社、一九九三年
日経流通新聞編『流通経済の手引』日本経済新聞社、二〇〇一年
浜野崇好『生活者重視への処方箋』ＮＨＫ出版、一九九五年
原司郎、酒井泰弘編『生活経済学入門』東洋経済新報社、一九九七年
広井良典『定常型社会』岩波新書、二〇〇一年
松原隆一郎『消費不況の謎を解く』ダイヤモンド社、二〇〇一年
間々田孝夫『消費社会論』有斐閣、二〇〇〇年
水木暘『脱所有社会の衝撃』ＰＨＰ研究所、二〇〇二年
御船美智子『生活者の経済』放送大学教育振興会、二〇〇〇年
見田宗助『現代社会の理論』岩波新書、一九九六年
山崎正和『柔らかい個人主義の誕生』中央公論社、一九八四年
米川五郎ほか編『消費者教育のすすめ』有斐閣、一九八六年
ボードリアール著、今村仁司ら訳『消費社会の神話と構造』紀伊国屋書店、原著は一九七五年、邦訳は一九七八年
ガボール著、林雄二郎訳『成熟社会』、講談社、原著は一九七二年、邦訳は一九七三年
ケインズ著、塩野谷祐一訳『雇用・利子および貨幣の一般理論』東洋経済新報社、原著は一九三

六年、邦訳は一九八三年
ミイソン著、鈴木信雄ら訳『顕示的消費の経済学』名古屋大学出版会、原著は一九九八年、邦訳は二〇〇〇年
リースマン著、加藤秀俊訳『何のための豊かさ』みすず書房、原著は一九六四年、邦訳は一九六八年
ロビンス著、宇沢弘文訳『異端の経済学』日本経済新聞社、原著は一九七一年、邦訳は一九七六年
ヴェブレン著、小原敬士訳『有閑階級の理論』岩波書店、原著は一八九九年、邦訳は一九六一年
このほか、『朝日新聞』、『日本経済新聞』、『日経流通新聞』、『日経ビジネス』、『週刊東洋経済』などの記事も参考にした。

〈著者略歴〉

粟　田　房　穂（あわた　ふさほ）

1940年　神戸市生まれ。

1963年　一橋大学商学部卒業。

1963年　朝日新聞社入社。東京経済部、『週刊朝日』編集部記者などを経て、1988～96年論説委員(経済担当)として社説・コラムを執筆。

1997年　朝日新聞社退社。

1997年　4月より宮城大学事業構想学部教授。現在に至る。専攻は経済社会学。

著　書　『円・ドル・マルク』(教育社、1976年)、『ディズニーランドの経済学』(共著、朝日新聞社、1984年、のちに朝日文庫に収録)、『遊びの経済学』(PHP研究所、1986年、のちに朝日文庫に収録)、『Jリーグ風——超消費社会の経済学』(ウェッジ社、1994年)、『ディズニーリゾートの経済学』(東洋経済新報社、2001年)

「成熟消費社会《せいじゅくしょうひしゃかい》」の構想《こうそう》－消費者《しょうひしゃ》はどこに向《む》かうか

発行日　2002年7月15日初版発行

著　者　粟　田　房　穂

発行者　佐　伯　弘　治

発行所　流通経済大学出版会

〒301‐8555　茨城県龍ケ崎市平畑120

電話　0297‐64‐0001　FAX　0297‐60‐1165

ISBN4-947553-24-3 C1036 ¥1600E